播磨

城主たちの事件簿

播磨学研究所・編

◎目次

＊本書は播磨学特別講座「城主たちの事件簿」（２０１２年４月〜11月）をもとに構成したものです。

「神璽」を奪還せよ

赤松氏再興の舞台裏

渡邊大門

■はじめに――嘉吉の乱の要因

　赤松氏の歴史を語るうえで欠かすことができないのが、嘉吉の乱による滅亡とその後の再興過程です。嘉吉《かきつ》の乱が勃発する前、満祐《みつすけ》と将軍義持《よしもち》との関係は一触即発の状況にありました。応永《おうえい》三十四年（一四二七）には満祐の領国が取り上げられ、いわゆる赤松満祐下国事件が起こっています。このとき両者は、対決する直前まで関係が悪化していました。結果的に、赤松氏領国を与えられる予定の赤松持貞《もちさだ》が義持の妻女と密通していることが露見し、満祐は処罰を免れています。持貞は切腹を命じられました。

　義持が亡くなったあと、後継者となったのは足利義教《よしのり》でした（五代将軍の義量は早世）。義教は武家であれ公家であれ、気に入らない者を徹底的に弾圧したので恐れられたのです。しかし、当初の義教と満祐は円満な関係にありました。たとえば、正長《しょうちょう》二年（一四二九）には、長らく中断されていた「松ばやし」が満祐によって再興されました。満祐の弟則繁《のりしげ》が綾羅錦《りょうらきん》繍《しゅう》の衣装を身に付け、「松ばやし」の指揮を取っています。「松ばやし」とは、播磨国に伝わる風流踊りのことです。足利義満が幼少のおり、赤松則祐《そくゆう》が白旗城で匿ったのですが、その寂しさを紛らわすために演じられたという由来があります。

　永享《えいきょう》二年（一四三〇）正月、満祐は義教の右大臣拝賀式に際し、三十騎を率いて前陣を務めました。翌年、満祐が自邸に義教を招き連歌会を催すと、義教は赤松邸新築を祝い、自ら発句《ほっく》を詠みました。以来、赤松邸での連歌会は恒例となり、たびたび義教を招いて開催されました。少なくとも当初は、義教と満祐との関係は良好だったのです。

ところが、二人の友好関係は、決して長く続きませんでした。永享九年（一四三七）、義教が満祐から播磨・美作を取り上げるとの噂が流れました（『看聞《かんもん》日記』）。西園寺《さいおんじ》公名《きんな》もその日記の中で、満祐の身を案じているほどです（『公名公記《きんなこうき》』）。満祐の周辺では、永享十一年（一四三九）に起った永享の乱で、鎌倉公方足利持氏《もちうじ》が自害に追い込まれました。その翌年の大和越智《おち》氏の討伐では一色義貫《いっしきよしつら》と土岐持頼《もちより》が謀殺され、満祐自身も精神的に追い込まれたと考えられます。

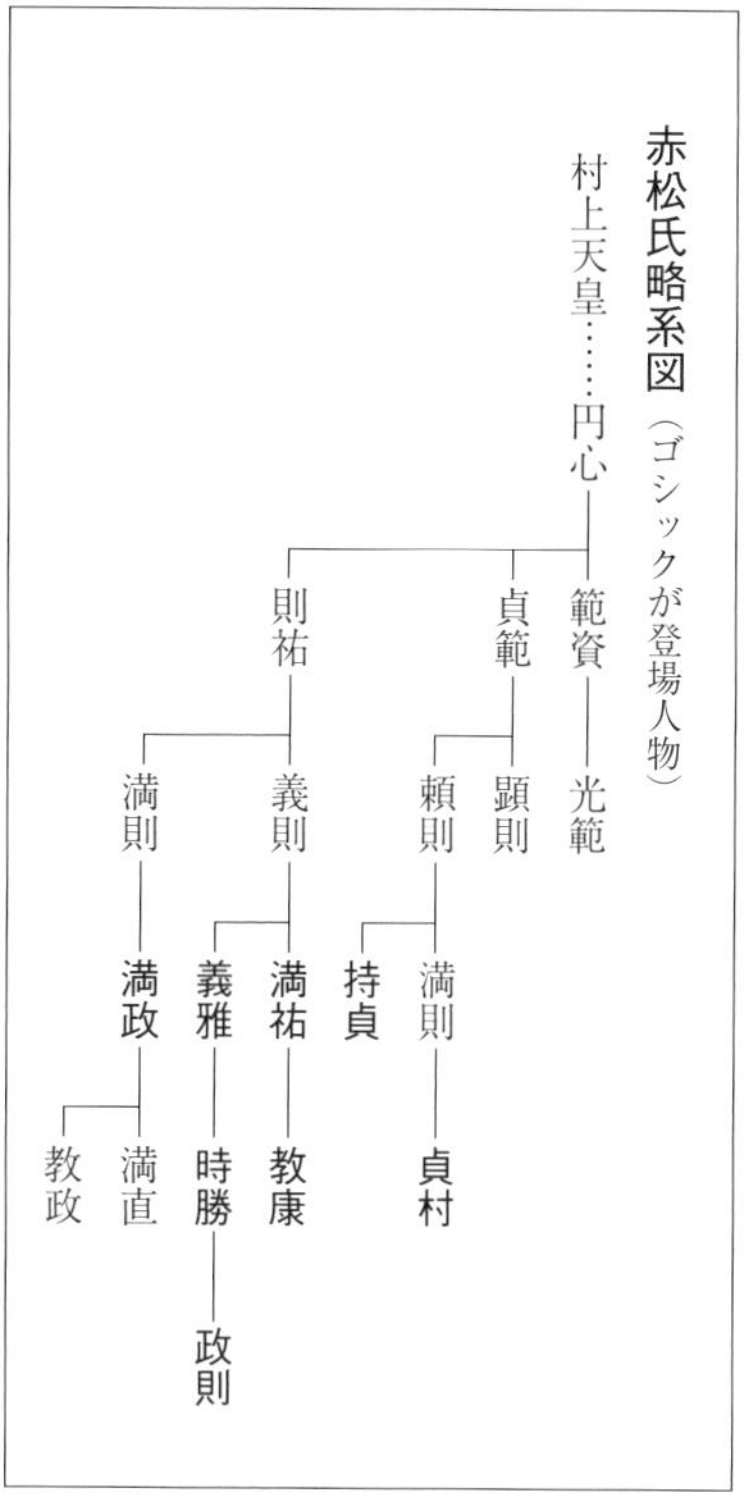

赤松氏略系図（ゴシックが登場人物）

そのような状況下で、一つの事件が起こりました。永享十二年（一四四〇）三月、義教は満祐の弟義雅《よしまさ》の所領を没収し、満祐と一族の赤松貞村《さだむら》や細川持賢《もちかた》に与えると決めました。満祐は昆陽野荘《こやの》（伊丹市）が明徳《めいとく》の乱の勲功として義雅に与えられたので、惣領家に留めて欲しいと懇願しました。ところが、この要望は聞き入れられなかったのです。

また、永享五年（一四三三）閏七月、比叡山の衆徒が強訴《ごうそ》を行いました。その理由の中に赤松満政《みつまさ》が賄賂を受け取り、山僧に便宜を与えたというものがありました。比叡山の要求は満政の遠島でしたが、最終的な処分は惣領家預けという軽微なものに止まります。満政の処罰が軽減された背景には、義教の強い意向がありました。永享八年（一四三六）に満政の宿所が、将軍の御産所として利用されるなど、日常的に重用されていたのです。つまり、義教による近習優遇策といえます。

義教の近習優遇策により、満祐は強い危機感を抱きました。満政の他にも、赤松春日部家の貞村は、義教と男色の噂が立つほどの関係を結んでいます。将軍義教による満祐排除と赤松氏庶流の台頭は、嘉吉の乱の大きな原因の一つでした。その影響から、精神的に追い込まれた満祐は「狂乱」になったといわれています。それは惣領家であっても安泰ではなく、有力な庶子は守護のライバルだったのです。たとえば、先述した赤松貞村は、日頃から播磨国守護職を望んでいました（『建内記《けんないき》』）。

■嘉吉の乱、勃発する

足利義教の首塚（加東市・安国寺、加東市提供）

嘉吉元年（一四四一）六月二四日、満祐の子教康《のりやす》は、京都・西洞院《にしのとういん》の自邸に義教を招き宴を催しました。満祐は「狂乱」により、姿を見せませんでした。宴では赤松氏がパトロンとなっていた観世《かんぜ》流の能楽師により猿楽が演じられ、宴は大いに盛り上がりました。しかし、宴たけなわの頃、赤松氏の家臣・安積行秀《あづみゆきひで》が乱入し、義教を暗殺したのです。宴席は一瞬にして、修羅場と化したのです。

　義教は近習たちを多く引き連れていましたが、隣室の山名熙貴《ひろたか》、細川持春《もちはる》は赤松氏に応戦して戦死し、大内持世《もちよ》と京極高数《たかかず》は瀕死の重傷を負っています。その他の管領以下、守護、近習らは、義教の遺骸を放置し逃げ帰りました。一方、満祐・教康親子は自邸と一族・庶子の邸宅を焼き払うと、一族を引き連れて本国播磨を目指して落ちて行きました。しかし、一族・庶子の貞村と満政は「野心無く」、有馬氏ともども満祐に同道していません。彼らは、赤松氏惣領とは別個の自立した勢力だったのです。

嘉吉の乱の一報を耳にした伏見宮貞成《ふしみのみやさだふさ》は、「所詮、赤松討たるべき御企て露顕の間、遮って討ち申すと云々。自業自得の果て、無力のことか」と述べています(『看聞日記』)。義教による赤松討伐は、公家や武家の間で噂になっていたようです。ところで、嘉吉の乱は偶発的に勃発したものなのでしょうか。その点を次に検討してみましょう。

■満祐の周到な準備

満祐は義教を暗殺する際に、周到な準備をしていたと考えられます。満祐が謀反を起こすにあたって、その権威――将軍・天皇――となる存在が必要でした。その人物の一人が、足利義《よし》尊《たか》なのです。では、義尊とは、どのような人物なのでしょうか。

結論から言えば、義尊は足利直冬《ただふゆ》の孫で、父は直冬の子冬氏《ふゆうじ》です。直冬の実父は尊氏《たかうじ》であり、養父は直義《ただよし》でした。しかし、直冬は観応《かんのう》の擾乱《じょうらん》(一三五〇~一三五二)で、反幕府勢力――反尊氏――になりました。観応の擾乱とは、尊氏・直義の二元的な体制が崩れ、それぞれの派に分かれて争った内紛です。直義と行動をともにしたのが、養子である直冬でした。

直冬の子息・冬氏は「足利系図」などによると、「中国武衛《ぶえい》」と呼ばれており、法号を「善《ぜん》福寺《ふくじ》」と号していました。武衛とは将軍を意味するので、南朝サイドから「中国地方を統括する将軍」程度に位置付けられたのでしょう。法号の「善福寺」は、岡山県井原《いばら》市の「重玄寺《ちょうげんじ》文書」中の知行目録の「善福寺大御所」が冬氏に該当します。冬氏には相国寺《しょうこくじ》に宝山乾珍《ほうざんけんちん》という弟が存在し、彼が「善福寺大御所」の菩提を弔うため、田畠が寄進されていました。

『建内記』嘉吉元年七月十七日条によると、直冬の子孫である禅僧（義尊）が満祐に擁立され、「将軍」と称したとあります。もちろん、正式なものではなく自称です。さらに、『建内記』同年八月二十一日条には、その禅僧が「井原御所」と称され、名を「義尊」と改め、その名のもとで各地に軍勢催促を行ったとあります。しかし、幕府は義尊の花押を写し取り、その花押を据えた書状を持つ者がいれば、召し取るように命じました。幕府は義尊の軍勢催促を無視しえず、一定の効果を持つと考えたのです。

嘉吉の乱における、もう一人の重要人物が小倉宮《おぐらのみや》です。満祐が小倉宮を擁立しようとしたことは、『建内記』嘉吉元年七月十七日条に「南方御子孫小倉宮の末子を赤松が盗み奉った」との記録が確認できます。ただ正確に言えば、小倉宮自身ではなく、その末子ということになります。しかし、『建内記』によると、「後に聞く。この儀無しと云々」とあることから、残念ながら、小倉宮擁立は実現しなかったと考えられます。満祐が南朝勢力の皇胤を担ぎ上げようとしたことは、非常に注目されるところです。

嘉吉の乱では、満祐の突発的な行動が原因とされ、特に展望がなかったといわれています。しかし、満祐の事前準備を見ると、ある種「播磨幕府」のようなものを構想していたのではないかと考えられます。天皇と将軍の擁立は、まさしく重要なプロセスだったのです。ただし、この満祐の目論みは、決してシナリオどおりに進みませんでした。

■嘉吉の乱の経過

その後、嘉吉の乱は、どのような経過をたどったのでしょうか。最初に、幕府の対応を確認しましょう。

幕府では義教が暗殺された翌日の六月二十五日、重臣会議を開催し満祐討伐の件を話し合いました。翌々日の二十七日には赤松氏を討伐すべく、細川持常《もちつね》、山名持豊《もちとよ》、有馬持家《もちいえ》を選んでいます。討伐後には、赤松氏の本領である播磨・備前・美作の三ヵ国を恩賞として配分する決定をしました。ところが、この計画は円滑に進むことがありませんでした。討伐軍は播磨の国境手前で形勢を傍観しており、積極的に戦闘を行わなかったのです。

一方で赤松氏は、どのような状況だったのでしょうか。満祐が義教を暗殺したことは、意外に好感を持たれていました。義教の恐怖政治は、受け入れがたいものだったのです。その事実は、当時の噂にも反映されています。満祐らが播磨に下向している途中、石清水八幡宮《いわしみずはちまんぐう》（八幡市）で旗竿を切らせ、無事に帰国できることを神前に祈りました。すると、竿は二つに割れ、無事播磨に到着できたので、播磨坂本城（姫路市）は歓喜の声で満ちたといわれています。

嘉吉の乱そのものも石清水八幡宮の神官に託宣が下がり、義教の悪政で人々が苦しんでいるので、八幡大菩薩が満祐に乗り移って、義教を討伐したとされています。赤松討伐のために発向した細川持常・赤松貞村が次々と病に倒れたのも、神慮《しんりょ》によるものといわれました。播磨坂本城に迷い込んだ馬でさえも、八幡神の宿った神馬《じんめ》といわれています。

事態が好転しない中で、管領細川持之《もちゆき》は赤松氏を朝敵とするため、治罰《ちばつ》の綸旨《りんじ》を朝廷に奏請《そうせい》しました。もはや幕府は朝廷に頼る他、手段がなかったのです。しかし、基本的に綸旨の申請は、朝敵《ちょうてき》の征伐が該当し、このケースは該当しませんでした。義教暗殺は、将軍家と赤松氏との私闘とみなされたのです。近年で綸旨が出された事例といえば、永享の乱の例があるくらいでした。相談を受けた万里小路時房《までのこうじときふさ》は、その理由を述べ難色を示したのです。実際に、公家らの反対意見も多くありました。

ところが、持之の熱意が通じ、綸旨の発給が決定しました。持之は、ただちに綸旨を征討軍へ送り、赤松氏討伐を促しています。厭戦《えんせん》ムードが漂う中で、綸旨が効果を発揮したことはいうまでもありません。義教の死により、幕府の求心性は急速に失われましたが、綸旨発給が大きな効果をもたらしたのです。

同年八月中旬、赤松氏は美作で官軍の垪和《はが》氏を破り、備前で松田・勝田の両氏との戦いに勝ち、備中国へ退散させました。ところが、すぐに山名常勝《じょうしょう》の巻き返しがあり、「美作国中朝敵ことごとく退散」という状況になっています。淡路水軍を率いる細川持親《もちちか》が塩屋関《しおやのせき》(神戸市)を焼き払うと、細川氏らが続々と攻め入りました。明石の蟹坂《かにがさか》では一進一退の攻防が繰り広げられましたが、結局は赤松方が敗走しています。

九月になると、山名持豊が播磨に攻め込み、守護所のある坂本に総攻撃を仕掛けました。惨敗した赤松満祐は、城山城（たつの市）へ引き退きましたが、もはや敗色濃厚であったといえます。この時点で赤松氏に従った国人らの多くは、官軍に降参しました。すっかり求心性を失った赤松氏は、官軍に攻め立てられ、ついに満祐は籠城する城山城で自害して果てたのです。義教が暗殺されてから、二ヵ月以上が過ぎていました。

■嘉吉の乱の戦後処理

嘉吉の乱後の戦後処理は、どのように行われたのでしょうか。最初に、負けた方の赤松氏から確認しましょう。

首謀者の満祐は、燃え盛る城山城の中で切腹しました。その首を火中から探し出したのは、山名教之《のりゆき》です。当初、赤松満政がその首を取ったとされ、のちに赤松氏の旧守護職を巡って

城山城遠望（たつの市）

争いごとになると懸念されましたが、これは誤報でした。満祐の弟・義雅は国元にいて、京都での謀議に関わっていませんでしたが、満祐に加担したことから縁座を適用され、赤松満政の陣で切腹を命じられました。義雅の遺児時勝《ときかつ》が満政に預けられたのは、このときです。

教康は密かに脱出し、北畠教顕《のりあき》を頼って伊勢へと逃れました。しかし、北畠氏は教康をかばうことなく、自害を命じました。同年九月二十一日、満祐の首は義教を討った安積行秀の首とともに、近衛西洞院で獄門さらし首となりました。少し遅れて閏九月六日、教康の首が家人十二人の首とともに、六条河原にさらされました。『建内記』では、「天罰を免れず」と厳しい評価を下しています。

赤松氏の中で、唯一逃亡に成功したのは則繁だけです。則繁は倭寇《わこう》となり、少弐《しょうに》氏などと行動をともにしました。しかし、文安《ぶんあん》五年（一四四八）に大内氏との戦いに敗れると、播磨を経て河内守護畠山氏を頼っています。

同年八月、幕府に命じられた細川持常は、大和国当麻寺《たいまでら》（葛城市《かつらぎし》）に逃れた則繁を討伐しました。その首は京都に運ばれ、さらし首になっています。

城山城落城後、満祐に擁立された義尊は密かに脱出し、僧形となって畠山持国《もちくに》を頼りました。しかし、嘉吉二年（一四四二）三月、持国は家人を遣わして討たせました。このように、嘉吉の乱に関わった赤松氏関係者は、次々と捕らえられ自害または討伐されました。厳しい処分の背景には、反幕府行動に対する、一種の見せしめ的な要素があったのでしょう。幕府が逃亡者を厳しく追及したのは、そうした理由によります。

次に、嘉吉の乱の論功行賞《ろんこうこうしょう》を確認しましょう。論功行賞が行われる前、山名持豊は播磨で「赤松氏を滅ぼしたのは、私の功績である」と豪語し、寺社や武家の所領を侵している状況でした。『建内記』は持豊の不遜《ふそん》な態度を見て、「持豊を播磨守護にしたならば、一国が滅亡するであろう」と述べています。伊勢国で赤松教康を討った北畠教顕も、恩賞を望んでいます。当時、教顕は侍従《じじゅう》の位でしたが、中将を希望しました。『建内記』は、「従五位少将くらいが妥当であり、中将は越階《おっかい》ではないか」と記しています。

このように、赤松氏討伐は守護の協力が必要だったので、彼らの要求は次第にエスカレートしていました。論功行賞の一覧については、『斎藤基恒《もとつね》日記』嘉吉元年閏九月条に次のように載せられています。

①播磨国（守護）―山名持豊
②備前国（守護）―山名教之
③美作国（守護）―山名常勝（教清《のりきよ》）
④摂津国中島郡（御料所《ごりょうしょ》代官として）―細川持賢
⑤播磨国三郡（明石・賀東・美嚢各郡の御料所代官として）―赤松満政

軍功の最も大きかった山名氏には、一族に赤松氏の旧守護職が宛がわれました。赤松氏の中では、積極的に戦闘に参加した満政に播磨国三郡を御料所の代官が与えられています。嘉吉の乱は、山名氏の勢力を拡大する結果をもたらしたのです。しかし、満政に代官職として与えられた三郡は、三年後の嘉吉四年（一四四四）に、持豊の策謀によって召し上げられました。文安元年（一四四四）十月、不満を持った満政は、京都を離れて播磨へ下国しました。結局、満政は播磨で持豊と交戦し敗れ、有馬郡で一族の有馬氏に討たれています。

赤松氏の中の残党では、満祐の甥則尚《のりひさ》が健在でしたが、則尚も持豊の子教豊《のりとよ》との戦いに敗れ、享徳《きょうとく》四年（一四五五）五月、逃亡先の備前国鹿久居島《かくいじま》（備前市）で家人らと自害しています。

嘉吉の乱以後も、赤松氏一族の討伐が行われ、赤松春日部家と有馬氏などの一部の一族・庶子が生き長らえるのみでした。いずれも将軍の直臣として仕えています。

しかし、義雅の子時勝が難を逃れ、その一子である次郎法師（後の政則《まさのり》）が再び歴史の表舞台に立ちます。その点は、後述することにしましょう。

■赤松氏再興の悲願

惣領家が討伐され、赤松氏旧臣らは牢人になりました。彼らの念願は赤松氏再興でしたが、なかなかうまく進みませんでした。こうした状況下で、赤松氏再興の中心的な人物となったのが、赤松氏旧臣の石見《いわみ》氏です。石見氏に関する史料は乏しく、『看聞日記』応永二十六年十一月二十四日条に赤松氏の使者として「石見新左衛門」の名前が見えるくらいです。その出自は不明ですが、現在の兵庫県たつの市御津町岩見と考えられます。

また、石見氏は『赤松盛衰記』によると、赤松一家衆に名を連ねており、嘉吉の乱では城山城に籠城したとして「石見太郎左衛門」の名前が登場します。『碧山日録《へきざんにちろく》』長禄《ちょうろく》三年十一月二十四日条には、石見太郎（左衛門）が赤松氏の家客であったと記されています。家客とは、客分程度の意味になろうかと推測されます。少なくとも石見氏は赤松氏の配下にあり、嘉吉の乱で幕府を相手に籠城したと考えられるのです。

石見氏は、後南朝からの神璽《しんじ》奪還のキーマンになります。その点について、以下『赤松記』

『南方御退治条々』「赤松盛衰記」などの諸史料を用いて概要を述べることにしましょう。
『赤松記』によると、赤松氏旧臣らは内大臣三条実量《さねかず》御内の（＝配下の）石見太郎左衛門を語らい、後花園天皇と将軍義政《よしまさ》へ口入を実量へ依頼し、赤松氏再興（＝政則の出仕）を強く求めました。『赤松盛衰記』には、石見太郎左衛門は赤松氏滅亡後に実量に仕えていたと記されています。しかし、現実には播磨など三ヵ国は山名氏に渡っており、旧領国を安堵することが難しい状況になっていました。

そこで、赤松氏旧臣が神璽を奪った後南朝一党を討ち果たし、神璽を奪還すれば、何とか安堵も叶えようという結論になったのです。実量は後花園と将軍の了解を取り付け、赤松氏旧臣は神璽奪還の任務を帯びることになりました。ただし、『赤松記』や『赤松盛衰記』には、安堵に関する詳しい内容が記されていません。その点で、『南方御退治条々』の記述は、かなり具体的です。将軍から下された御内書には、次のような条件が示されていました。

①加賀国半国守護（河北・石河両郡・富樫成春《しげはる》跡）。
②備前国新田荘《にゅうたのしょう》、出雲国宇賀荘《うがのしょう》、伊勢国高宮保《たかみやのほう》など。

これは、赤松氏旧領国の替地として与えられようとしたものですが、決して適当に選択されたわけではありません。加賀国半国守護（河北・石河両郡）は、富樫成春が守護となっていた場所です。富樫氏が家督を巡って一族で争乱となった際、泰高《やすたか》を支援したのが細川勝元《かつもと》であり、教家《のりいえ》（成春の父）を支援したのが畠山持国でした。つまり、政則に加賀国半国守護を与えようとしたのは、泰高支援を掲げる細川勝元による策謀と考えられます。成春を加賀国半国守護から除くことにより、畠山氏の勢力削減を意図したのです。

政則は越中・能登に基盤を置く、畠山氏に対する楔《くさび》として位置付けられたのでしょう。このように考えてみると、石見太郎左衛門が三条実量を通じて、天皇と将軍に神璽奪還を持ちかけたという通説には疑問が残ります。天皇や将軍の意向というよりも、富樫成春を除くための勝元の考えが強く、勝元によって義政に提案されたのではないでしょうか。また、赤松氏の復活は、播磨などを領した山名氏に対する圧迫へ繋がりました。つまり、山名氏牽制策の一つとも成り得たわけです。

神璽奪還の謀議は、康正《こうしょう》二年（一四五六）のことであったと考えられ、同年の末には早速行動が開始されることになりました。

■神璽奪還の作戦

ここでは、長禄の変の顛末を記録した『南方御退治条々』を主たる史料として、神璽奪還の過程を見ていきましょう。『南方御退治条々』とは、『上月文書《こうづき》』（徳島県立文書館所蔵）に含まれるもので、文明《ぶんめい》十年（一四七六）八月に成立しました。同書は、実際に長禄の変に参加した赤松氏の一族上月満吉《みつよし》が記したもので、内容は十分信用に足るものです。執筆動機は「末代の証拠」のために、変に関わった生き残りの満吉が書き残そうとしたものです。すでに、変後二十年余を経過していました。

赤松氏旧臣らが吉野へ向ったのは、康正二年（一四五六）十二月二十日のことでした。赤松氏旧臣の上月満吉、間島彦太郎を主要メンバーとする総勢二十数名は、神璽奪還のために吉野へ向ったのです。しかし、彼らは、早急に「神璽奪還」を行おうとしたわけでありません。『赤松記』には、その攻略法について次のように記しています。

吉野殿（後南朝）を攻略する作戦として、「赤松氏牢人はどこにも仕えるところが無く、これ以上辛抱することもできないので、吉野殿（後南朝）を頼り吉野へ参上することとした。赤松氏牢人が一味して、都を攻め落とし、ぜひ御供したいと申し入れると、吉野殿（後南朝）は同心するとのことであった」

幕府や朝廷は赤松氏に対して、軍勢などを差配しなかったのでしょう。必然的に赤松氏旧臣は、少人数で戦うための効率的な手法を選んだのです。それは、嘉吉の乱で浪々の身になったことを強みにして、後南朝勢力に擦り寄ることでした。この作戦は功を奏し、赤松氏旧臣は後南朝の中に潜り込むことに成功したのです。ただ、赤松氏旧臣内部では、意思統一が十分でなく、『赤松記』には「さて大勢は御隔心なれば、夜討に入べき人数をすぐり」とあるように、中には後南朝討伐に躊躇《ちゅうちょ》する者がいたのです。

「南方御退治条々」には、「返忠《かえりちゅう》」つまり裏切る者も存在したとあります。そのような事情から、メンバーを選りすぐる必要があったのです。神璽奪還は、悲壮な覚悟のもとで行われました。満吉は吉野に入山する約一ヵ月前に、娘五々《ごご》に対して譲状を残しています(『上月文書』)。内容を要約すると、朝廷と幕府の命により吉野へ向い、本意(神璽奪還)を達したいこと、そのためには再び帰ることができない覚悟があること、になります。満吉の赤松氏再興にかける熱い思いが伝わってきます。

後南朝の警戒心を解くには、多大な困難が伴いました。中村貞友《さだとも》の被官人小谷与次《よじ》は、「忠《ちゅう》阿弥《あみ》」と号し、人目をくらましながら何度も御息所《みやすどころ》を訪ねています。幾たびか事情を話すうちに、ようやく後南朝の一宮・二宮も態度が和らいだといわれています。この頃、後南朝で擁立された皇胤は、一宮、二宮と称される人物でした。『南方御退治条々』には、一宮が吉野奥北山、二宮が同じく河野郷にいたと記していますが、もはや二人が南朝皇胤のどの系譜に連なっているか判然としていません。

また、二人の宮を支える勢力の規模もわかりません。おそらく、大和国の国人・土豪らがその中心となり、二人の宮を戴いたと推測されます。先にも触れたとおり、挙兵の風聞が伝わっているので、それなりの規模ではあったのでしょう。次に、赤松氏旧臣による神璽奪還の過程を確認することにしましょう。

■神璽奪還の過程

神璽奪還の過程に関しては、『南方御退治条々』のほかに、『経覚私要抄《きょうがくしようしょう》』や『大乗院寺社雑事記《だいじょういんじしゃぞうじき》』にも詳しい記事があります。赤松氏旧臣が神璽奪還を実行に移すのは、大雪が降る寒い夜の長禄元年(一四五七)十二月二日の子《ね》の刻(午前〇時頃)のことでした。この間、赤松氏旧臣らは後南朝一党に取り入って、彼らの信頼を得ていたのでしょう。後南朝からすれば、まさか彼らが神璽を奪いに来るとは、全く思っていなかったに違いありません。

赤松氏旧臣の丹生屋帯刀左衛門《にゅうのやたてわきざえもん》、同四郎左衛門《しろうざえもん》兄弟が北山へ忍び込むと、兄の帯刀が一宮の首を討ち取り、続けて神璽奪還に成功しました。しかし、この動きを察知した吉野の郷民らは丹生屋兄弟を追いかけ、一宮の首と神璽を取り戻し、伯母谷《おばだに》というところで丹生屋兄弟を討ち取ったのです。ほぼ同じ頃、河野郷においては、赤松氏旧臣(間島彦太郎、上月満吉、中村貞友など八名）らが二宮も首を討ち取りました。二宮の首を取ったのは、上月満吉でした。

ところが、一緒に乱入した中村貞友は、その首を運ぶ途中で吉野の郷民に襲撃され、討ち取られてしまいました。いったんは神璽奪還に成功したものの、後南朝を支援する郷民らの反撃もあって、失敗に終わったのです。ここで巻き返しを図ったのが、かつて備前国守護代を務めた有力な家柄の小寺藤兵衛《とうべえ》入道です。そして、小寺氏に協力したのが、大和国の国人・越智家《いえ》栄《ひで》と小川弘光《ひろみつ》の両人でした。

長禄二年（一四五八）三月、小川氏は南帝の在所に討ち入り、見事神璽を奪還しました。『大乗院寺社雑事記』によると、小川氏は越智氏に神璽を持参し、四月十三日に都に奉る手筈であると伝えています。そのために、大和国の国人・衆徒を動員し、都までの警護を計画しました。しかし、事態は思わぬ方向に展開します。

四月に使いの者が越智氏の在所に向かい、神璽奪還を褒め称え、越智氏に所領を一ヵ所、赤松氏の落人に所領を二ヵ所与えると報告しました。しかし、小川氏は神璽を抑留し、都へ献上することを渋ったのです（『大乗院寺社雑事記』）。困った幕府は、越智氏を小川氏の説得に当たらせましたが、小川弘光がさまざまな要求をし、また一族の小川弘房《ひろふさ》が神璽を抱え込んだこともあり、うまくいきませんでした（『経覚私要抄』）。

結局、八月二十六日になると、一転して神璽が都に奉られることになりました。小川一党をはじめ衆徒・国民に警護された神璽は、無事に同月三十日に帰洛を果たしました。警護の人数は、二百数十名に及んだといわれています。この過程を見る限り、赤松氏が単独で神璽奪還を行ったというよりも、越智氏・小川氏との協力関係を改めて確認できます。赤松氏にとって、地理や周辺地域の事情に精通した両氏の協力は不可欠だったといえます。

■赤松氏表舞台へ

神璽奪還を実現した赤松氏は再興を許され、赤松次郎法師（以下「政則」で統一）が幕府への出仕を認められました。長禄二年（一四五八）十一月十九日のことです（『蔭凉軒日録《いんりょうけんにちろく》』）。赤松氏再興の陰には、管領・細川勝元の力添えがありました。勝元は、山名宗全《そうぜん》（持豊）を牽制したかったのです。肝心の恩賞が与えられたのは、翌長禄三年（一四五九）五月六日のことでした。『蔭凉軒日録』によると、与えられたのは加賀国半国と備前国新田荘しか記されていません。当初の約束であった伊勢国高宮保や出雲国宇賀荘は、のちに与えられたのでしょう。ところで、先に触れたとおり、加賀国半国守護は富樫成春の跡職であり、備前国新田荘は同国守護山名氏のもとにありました。つまり、政則は実力で奪い取るしかなかったのです。ここでは、加賀国半国守護のケースについて、触れることにしましょう。

政則が得た加賀国半国守護は富樫成春の跡であり、実際の入部に際しては大きな困難が伴いました。長禄三年（一四五九）十月、赤松氏が加賀国に入部を行おうとすると、早速、富樫氏の被官人岩室《いわむろ》氏と交戦状態に陥りました。しかし、政則はただちに反撃をしたわけではありません。政則には、加賀国半国守護になった旨を保証する将軍の御教書《みぎょうしょ》がありました。それを根拠として、平和的な解決を望んでいるのです。

ところが、現実の加賀国においては、富樫氏の勢力と戦わざるを得ず、赤松氏被官人の中村氏が笠間で合戦に及んでいます。それでも政則は、上意（＝室町幕府）の判断を希望しましたが、幕府は及び腰で、まともな判断を下しませんでした。やはり、実力で奪い取るしかなかったのです。長禄四年（一四六〇）八月を境にして、赤松氏による加賀国半国支配は円滑に進んだようです。抵抗勢力を何とか駆逐し、現地支配の守護代として、赤松氏の有力な被官人の一人である小寺氏が派遣されました。

かつて、赤松氏による加賀国半国守護補任については、その支配の実効性にあまり注意が払われませんでした。端的に言えば、もともと支配基盤がなかったので、名目的に過ぎないと考えられていたかもしれません。しかし、実際には赤松氏の加賀国半国支配は実効性を持っており、数々の史料から支配に意欲的であったことがうかがえます。ちなみに備前国新田荘についても、赤松氏は備前守護の山名氏と争っています。幕府から認められたとはいえ、現実には簡単に入部できなかったのです。

■政則の人物像

赤松氏当主の座についた赤松政則とは、いかなる人物なのでしょうか。『実隆公記《さねたかこうき》』などによると、政則は明応《めいおう》五年（一四九六）閏二月、播磨国久斗山長円寺《くどさんちょうえんじ》で四十二歳でその生涯を閉じました。逆算すると、康正元年（一四五五）の生まれとなります。珍しいことに、政則の誕生日は史料上確認することができます。『蔭凉軒日録』延徳《えんとく》四年二月十八日条によると、政則の誕生日が翌日の二月十九日であると記されているのです。

政則の父は、先述のとおり時勝（法名性尊《しょうそん》）といいます。政則が生まれた年の十月に亡くなりました。時勝は九歳のとき、嘉吉の乱で父・満祐を失い、禅僧・天隠龍澤《てんいんりゅうたく》の助力で難を逃れたといわれています。母も早世したらしく、政則は不幸な幼少期を過ごしたのです。しかし、「浦上美作守則宗《のりむね》寿賛」によると、政則は幼少期に被官人である浦上則宗に養育されたと記されています。則宗は、まさしく政則と苦楽をともにしたのです。のちに政則が則宗に支えられる体制は、幼少期から築かれていました。

政則の人となりは、どのように評価されているのでしょうか。寛正《かんしょう》六年（一四六五）十二月、政則の元服出仕に列した季瓊真蘂《きけいしんずい》は、少年ながら政則の「威儀粛然《いぎしゅくぜん》」とした態度に感嘆し、殿中の人すべてが慶賀したと述べています（『蔭凉軒日録』）。他の公家日記を見ても、政則のこ

赤松政則肖像（六道珍皇寺所蔵）

とはあまり悪く書かれておらず、少なくとも優秀な人物であったことは事実でしょう。

特筆すべきは、政則が芸能に秀でていたということです。まず、政則は猿楽の名手でした。室町期には猿楽が武人の嗜《たしな》みとされ、広く愛好されました。赤松満祐も猿楽を愛好した一人として有名です。『蔭凉軒日録』によると、政則も猿楽の名手であったことが記されており、人々が政則の舞に感嘆したと記されています。政則は自分自身だけでなく、被官人らも巻き込み、猿楽に勤しんでいたのです。

『晴富宿禰記《はれとみすくねき》』という史料には、政則が『矢開記《やびらきき》』一巻を所望したことを載せています。「矢開」とは、武家の子供（男子）が鳥獣を初めて射たとき、餅を搗《つ》き、射た鳥獣を料理して祝うことを意味します。『矢開記』とは、矢開の祝の餅について記した書物です。政則は幕府の侍所所司を務めていたので、武家の故実に通じる必要性があったと考えられます。

政則は、刀剣でも著名な人物です。現在、政則の為打銘《ためうちめい》のある刀剣は、全部で十三口（為打でないもの一口含む）が知られています。そのうち現存するものは八口です。政則の銘のある刀剣の初見は文明十三年（一四八一）で、山名氏の播磨侵攻を翌々年に控えた年でもありました。文明十三・十四（一四八一・一四八二）に政則が作刀した刀剣は、ほとんどが自らの被官人への為打です。この辺りの事情を考慮して、恩賞を意図した領国統制の一環という説も唱えられているほどです。

ここまで述べてきたとおり、政則は高い素養と芸術的センスを兼ね備えた人物といえるでしょう。これ以外にも、様々な記録に政則が和歌・連歌に親しんだ形跡が見られます。政則は豊かな教養を身につけていたため、ときの将軍足利義政からも寵愛を受けました。ただ、文明十六年（一四八四）に被官人から叛旗を翻されるなど、武将としてはひ弱な側面も見られ、領国支配に苦慮することになります。

■応仁・文明の乱と播磨回復

応仁《おうにん》元年（一四六七）、応仁・文明の乱が勃発すると、赤松氏はたちまち播磨国へ乱入し、もとのとおり播磨・備前・美作の三ヵ国守護として返り咲きました。先頭に立って活躍したのは、のちに守護代を務めた赤松政秀《まさひで》です。ところが、政則は将軍から「三ヵ国守護に任命する」という内容の御教書を与えられたわけではありません。実力で山名氏を追い払い、三ヵ国守護として実効支配を行うことになったのです。

一方で、加賀国半国守護代であった小寺氏は、富樫氏の勢力に敗退しました。事実上、この時点において、赤松氏は加賀国半国守護から外れたと考えられます。このように、極めて短期間でしたが、赤松氏は加賀国半国守護で実効支配を展開したのです。赤松氏が加賀国半国守護であった事実はあまり知られていませんが、特筆すべきことといえましょう。

応仁・文明の乱の最中の文明五年（一四七三）に、そもそもの当事者である細川勝元と山名宗全が相次いで亡くなります。また、開戦当初は京都が主戦場でしたが、やがて戦争は地方でも繰り広げられました。各守護家の間でも、家督争いや当主と家臣の争いが頻発したのです。戦いが続くと、さまざまな面で疲弊することになります。当時に戦争だけでなく、洪水などの天変地異やそれに伴う飢饉などが庶民を苦しめました。

こうした中で、東西両軍の間には和平の機運が生まれました。しかし、これに最後まで抵抗したのが、ほかならぬ赤松政則でした。なぜ政則は和平に賛成しなかったのでしょうか。先述のとおり、播磨など三ヵ国は実力でもぎ取ったものでした。仮に和平が結ばれた場合、せっかくの三ヵ国が再び山名氏の手に渡ることが予測されたのです。そうした事態を想定して、政則は反対したと考えられます。ただ、実際には東西両軍で和平が結ばれましたが、政則の三ヵ国が奪われることはありませんでした。

赤松政則の供養塔（加西市・長円寺、加西市提供）

その後、政則は播磨などに守護代を置き、膝下に実務を担当する奉行人を配置するなど、積極的に領国支配を展開しました。ところが、文明十五年（一四八三）十二月に山名政豊《まさとよ》が播磨国に侵攻するなど、一時は危機的な状況に陥っています。この危機を救ったのが、別所則治《のりはる》でした。則治の機転によって、政則は再び勢力を盛り返し、山名氏討伐に力を入れます。ようやく山名氏を但馬に放逐したのは、長享《ちょうきょう》二年（一四八八）のことでした。ただし、山名氏との戦いの中で政則の権力は失墜し、浦上則宗や別所則治の勢力が大きくなりました。

以後の政則は、武家として異例の従三位まで昇進しましたが、領国内における権威は大きく低下したように思います。そして、政則は明応五年（一四九六）閏二月、播磨国久斗山長円寺で四十二歳でその生涯を閉じました。赤松氏再興から没落も経験しており、まさしく波乱万丈の人生といえましょう。

政則没後、播磨では激しい権力闘争が繰り広げられました。その中心にあったのが、先にも触れた浦上則宗と別所則治です。戦国時代の播磨では、こうした地域権力が台頭し、赤松氏の影はすっかり薄くなるのです。

〔参考文献〕

高坂好『赤松円心・満祐』(吉川弘文館、一九七〇)
拙著『奪われた「三種の神器」―皇位継承の中世史―』(講談社現代新書、二〇〇九)
拙著『戦国期赤松氏の研究』(岩田書院、二〇一〇)
拙著『中世後期の赤松氏―政治・史料・文化の視点から―』(日本史史料研究会、二〇一一)
拙著『備前　浦上氏』(戎光祥出版、二〇一二)
拙著『赤松氏五代』(ミネルヴァ書房、二〇一二)

われ、関ヶ原に出兵せず

木下家苦渋の選択と、ねね

杉原康子

■はじめに

本日は、備中足守から参りました。

私の曾祖父にあたる杉原貞正《さだまさ》（通称・壽男《ひさお》）は、備中足守藩の最後の家老職でありました。明治後半以降、旧家臣たちの多くが足守を離れてゆくなかで、壽男の三男として明治十五年（一八八二）に生まれた祖父・康夫と明治四十三年生まれの父・正毅《せいき》が足守の地に住み続けました。祖父、父ともに戦前戦後を通じて、旧主木下家の事柄について地元の世話係のような役をしていたこと、また近年になって新史料の発見もいくつかありましたので、家老職の末裔の一人という立場でお話をさせていただきます。

足守は廃藩置県により、足守県から深津県へ吸収され、小田県となり岡山県へ合併します。明治三十三年に、賀陽郡から吉備郡と名を変えられ、足守村から足守町となりました。昭和四十六年岡山市へ合併することになり、とうとう大きな備前岡山に吸い込まれた形で、備中足守の名は消えてしまいました。

■備中足守藩木下家

関ヶ原の戦の翌年、慶長六年（一六〇一）ねねの兄・木下家定は秀吉から預かっていた播州姫路二万五千石から、備中国賀陽郡・上房郡の内へ二万五千石で移封されます。こうして、備中足守藩は家定を藩祖として始まります。途中、数年の空白期間を除き、豊臣につながる外様小藩として徳川の治世を生き抜いて、十三代利恭《としもと》（明治二十三年三月二十九日没）まで続きました。

最後の藩主・利恭には実子がなく、その死も予期しない急病だったようで、葬儀のあと、子爵の地位継承の必要から急遽、親族会議が行われ、唯一の男子であった、藩主の弟利永《としなが》の二男で満四歳の利玄《としはる》を相続人と決めています。ただ、四歳の子が爵位を継承できるのか、後見人の要件など在京の旧臣が数々の問い合わせを爵位局にしています。相続人届が期限に間に合わないと考えられたようで、宮内省へ五十日間の延期願が四月二日付で提出されています。相続人届が整い受理されたのは五月十日で、「ホンヂツゴカトクヲヲセコウムラル」とスギハラヒサヲ宛電報受信記録が日記に残っています。

藩を失い二十年過ぎても、御家のために尽くし、慌ただしく走り廻る様子と、御家継承がなった安堵感が日記から伝わってきます。

幼主の上京に伴い、養育係・教育係として主だった重臣の多くが東京へ移動したことで、足守に残る者はさらに少なくなりました。

郊外に隠居していた曾祖父・壽男は足守の中心部に帰り、利玄の養育係として上京した家老

足守侍屋敷

木下利玄の生家（足守藩陣屋跡）

木下岡次郎宅だった、足守侍屋敷（現在、岡山県指定重要文化財）へ居を移し、東京からの連絡窓口役として務めています。

十四代利玄は学習院から東京帝国大学に学び、十三歳から歌人佐佐木信綱に師事し、それ以来短歌の道に励み、「白樺」の同人となり、歌人木下利玄《りげん》として名を知られています。

【ねねと足守木下家略年表】

天文　六（一五三七）　藤吉郎（のちの豊臣秀吉）誕生
　　一二（一五四三）　杉原孫兵衛（のちの木下家定）誕生
　　一七（一五四八）　ねね（のちの北政所・高台院）誕生
永禄　四（一五六一）　ねねと藤吉郎結婚
　　一二（一五六九）　勝俊（家定長男、のちの長嘯子）誕生
天正　元（一五七三）　利房（家定二男）誕生
　　二（一五七四）　延俊（家定三男、のちの日出藩主）誕生
　　一〇（一五八二）　秀俊（家定五男、のちの小早川秀秋）誕生。本能寺の変
　　一四（一五八六）　秀吉、天皇より豊臣の姓を賜る。秀頼誕生
文禄　四（一五九五）　家定、秀吉より播磨二万五〇〇〇石を与えられる

慶長　三（一五九八）秀吉、伏見城に没する。六二歳
　　　四（一五九九）（一月）北政所、大坂城を出て京都三本木に移る
　　　五（一六〇〇）伏見城陥落。（八・一）勝俊、落城直前に退散する
　　　　　　　　　　関ヶ原の戦い。（九・一五）家定は北政所を守り、利房は西軍に、
　　　　　　　　　　延俊・小早川秀俊は東軍に
　　　　　　　　　　小早川秀秋、備前・美作国五一万石を与えられる
　　　六（一六〇一）家定、徳川家康より備中国賀陽郡・上房郡足守（二万五〇〇〇石）
　　　　　　　　　　へ移封される
　　　　　　　　　　延俊、豊後国速見郡の内で三万石（日出藩）を与えられる
　　　七（一六〇二）（一〇・一八）小早川秀秋、没する。二一歳
　　　九（一六〇四）家定、二位法印に叙任される
　　一一（一六〇六）ねね、高台寺を建立する
　　一三（一六〇八）家定、京都で没する。六六歳。墓所は常光院
元和　元（一六一五）大坂夏の陣。大坂城落城。淀君・秀頼?・自刃
　　　　　　　　　　利房、仙洞御所守護を辞任。圓徳院と号する
　　　九（一六二三）利房、北政所の隠居所であった圓徳院を木下家の居館とし、高台

寺塔頭とする
一四（一六三七）利房、没する。六五歳。長男利當《としまさ》が遺領を継ぐ
一五（一六三八）利當、初めて足守に居住を許される
宝永　五（一七〇八）六代↑定《きんさだ》、仙洞御所普請の残材で吟風閣を造る
慶応　三（一八六七）大政奉還。徳川幕府終わる
明治　四（一八七一）廃藩置県。（七月）一三代利恭（県知事）、東京へ移住を命ぜられる
二三（一八九〇）利恭、没する。甥の利玄（四歳）が養子となり、子爵木下家を継ぎ上京する

■関ヶ原をめぐって――家定と息子たち

関ヶ原の戦いについては、徳川方と豊臣方の対決で、初め不利と思われていた徳川方が、豊臣方の小早川秀秋の裏切りによって逆転勝利した……と一般的には認識されています。豊臣・木下家としても、普通に考えるならば秀頼方に味方をするのが当たり前のように思われていたということです。

この講座の「われ、関ヶ原に出兵せず」という題名をいただいたとき、少し違和感を覚えて、「木下家苦渋の選択と、ねね」をお願いして付け加えていただきました。

木下家定肖像（京都・常光院蔵）

というのは、秀吉生前には家定とその息子たちは秀吉の命に従って働いていますが、秀吉の没後の行動は、家定自身が一族の長として自らの意志で決定を下していたというのではなく、ひたすら、秀吉の正室だった妹ねねの意向に従い、ねねを守護する姿勢に徹した兄として動いていたと、強く感じられるからです。

妹ねねの結婚相手が、あれよあれよという間に出世していくので、身内の兄としてはついていくのが精一杯だったのではないでしょうか。菩提寺である京都・常光院に残っている法体姿の家定の肖像からは、温和な争い事を好まず地味ではあるけれど真面目な性格の人物であったように想像されます。

ねねと秀吉の結びつきが「野合であった」と後世記されている表現からは、ねねは大変なヤンチャでお転婆、いろいろなことに興味を持ち、非常な行動力のある女性だったのでしょう。きっと、幼少のころからお転婆な妹に振り回される兄という関係だったのではないかと想像されます。

秀吉が伏見城で亡くなった翌年の慶長四年（一五九九）一月には、淀殿と秀頼の大坂城入りを見届けて、ねねは未練なく京都三本木へ移っています。天下平定という、信長から受け継いだ秀吉の夢を果たすべく、長い間二人三脚で歩いてきた最前線から、夫秀吉亡きあとはきっぱりと身を引く覚悟を決めていたのでしょう。

捨《すて》（鶴松）が病死してからの、文禄の役といわれる朝鮮への出兵、自身の甥秀次を追放し死に追いやり、幼少から養子として育てていたねねの甥秀秋を小早川隆景へ養嗣子として出した秀吉の行動は、きっとねねの気持ちには反することだったでしょう。

さらに拾《ひろい》が秀頼と名乗った直後の、再度の朝鮮への出兵を思いとどまらせることができなかったことなどで、ねねは自分の無力を思い、またそんな秀吉の晩年の様子から、後は内府殿（家康）であると内心感じとっていたと思われます。

実の子に恵まれなかったねねであったからこそ、情愛に溺れず冷静に客観的な見方ができたのでしょう。京都に移ってからは、秀吉の供養と残り少なくなっていく身内の交流と安泰を願う生活になっていきました。

話を戻します。

木下家定は戦いに際し、大坂城を出て京都に出陣して妹ねねを守護し、中立の立場をとりました。

次の史料は関ヶ原における家定の行動について、一般的な公式見解といえる『寛政重修諸家譜』第一一八三の家定の部分です。「大坂のことは後で考えるから今は妹ねねを守ることだけです。」との返答は、中立を保った家定の様子を上手に表現してあります。

史料『寛政重修諸家譜』

慶長五年九月関原合戦のとき家定太閤の大政所を守護して大炊の御門にあり。この時にあたりて立花左近将監宗茂すでに大津城を攻落し、東国に向はんとすといへども、関原の軍敗る〝とき〟て十六日手勢二千余騎を引率して洛に入り、三條御幸町に陣し、使をもって家定に告げていはく、関原の役に子息秀秋豹を変じ、関東に属せしゆへをもって石田三成敗亡にをよべりときく。足下にをいて太閤の恩を忘れずして二心なくば、宗茂が兵と共に大坂城に楯籠り、秀頼に忠をつくすべしとなり。家定答へて、我たゞ大政所を守護するのみ。大坂籠城のことは今にをいていかがとも決しがたし。かさねて約を定むべしとて之に應ぜず。そののち東照宮の御麾下に属し

家定は翌年、播磨国から備中国賀陽郡・上房郡に移封されました。しかし、一度も足守に赴くことなく、慶長十三年（一六〇八）六十六歳で没するまで、ねねの近くにいました。二位法

印に叙任され、建仁寺塔頭・常光院に妻（杉原家次女）とともに眠っています。

■長男勝俊と二男利房について

長男勝俊は幼少より秀吉に仕えて、小田原征伐や朝鮮出兵に従い、播州龍野城主から若狭国小浜城六万二千石の城主となっていました。関ヶ原合戦の直前に、上杉征討に出かける徳川家康から伏見城留守役を、鳥居元忠・松平家忠らとともに仰せつかりました。

このとき、攻口の大将が実弟の小早川秀秋であると知った勝俊は、任務を放棄して城を脱出し、京のねねの元へ身を寄せました。そのため伏見城は陥落し、鳥居元忠・松平家忠が壮烈な最期をとげたので家康の怒りをかうこととなり、領地を没収されました。勝俊の行動は武士にあるまじきものと多くの人の不評をかうこととなり、正室うめ（宝泉院。のちの美作津山藩主・森忠政の姉）は、勝俊にあいそをつかし髪を切り出家して、一首の歌を残して家を出ています。

命やは　うき名にかへて何やせん　まみへぬために送るきりかみ

ねねより兄弟で争うことのないように、秀秋には事前に伝えられていたとも言われていますが、連絡が兄弟間で取れなかったのかもしれません。

勝俊の思いは『寛政重修諸家譜』によると、

「この時にあたりて勝俊おもへらく秀頼は政所の子にあらずといへども、我外家のよしみあれば関東の味方すべき身にあらず。しかりといへども逆徒三成とくみして仇をむすばんこともまた謂なし」

とあります。

戦のあと、浪人となった勝俊はねねの近く、京都東山霊山「挙白堂」に隠棲し長嘯子《ちょうしょうし》と号して、和歌を楽しみ花鳥風月を友として生きました。和歌集「挙白集」は有名で、今の世にも伝わっています。また、小堀遠州の和歌の師でもありました。

家定遺領を勝俊・利房《としふさ》の二人に継がせよとの家康の命に反して、ねねが勝俊一人に与えていたことから領地を一時没収されます。このことから他の記述では勝俊を藩主に数えないものもありますが、足守では二代勝俊、三代利房としています。

足守藩を大坂の陣後継承した、二男利房は若狭国高浜三万石の城主でしたが、関ヶ原では西軍に属して加賀大聖寺攻略に従ったため、領地没収となりました。しかし『寛政重修諸家譜』に「逆徒にくみせし事より、死刑に処せらるべしといへども、政所のゆかりにより、宥免ありて其領地を没収せらる」とあるように、利房もまたねねの存在で死を免れることができました。浪客となった利房は、秀吉亡きあとも家康からねねに安堵されていた一万六〇〇〇石の所領管理をしながら、ねねに寄宿しています。その後の大坂の陣では東軍として働きました。

『寛政重修諸家譜』
元和元年の役にもしたがひたてまつらんことをこふのところ、高台院をして大坂にいたらしむべからずとの仰により、京師にいたりてこれを譲る。

元和元年（一六一五）、この功によって、父家定の旧領・足守二万五千石が復活しました。「足守に居所を構えて住し」との記述がありますが、実際には利房は慶長十三年（一六〇八）に一度、領地視察に来ているだけで、「其まま葦森《あしもり》へは御帰藩にならず」と足守に残る「難波家記録」にあります。

利房は京にいて、ねねを守護しつづけて、寛永元年（一六二四）ねねが没したときは、その葬儀を取り仕切りました。

現在、京都高台寺の台所坂の下に位置する塔頭・圓徳院《えんとくいん》は利房の院号であり、以降代々足守木下家の菩提寺となっています。

三男延俊と四男俊定について

延俊は天正十六年（一五八八）、十二歳で秀吉より摂津駒ヶ林に采地五百石を与えられ、父家定が大坂城の留守居であったときには、播州姫路城の城代をつとめていました。正室が細川藤孝（幽斎）の娘加賀であったので、延俊には細川家という強力なバックボーンがありました。

関ヶ原の戦のとき、延俊は姫路にいましたが、義兄細川忠興の密書を受け、ただちに使者を家康に送って二心なきことを誓っています。しかし、関ヶ原の戦はアッという間に終わっていたので、姫路で守っていただけでは論功にあずかれないと、義兄忠興とともに丹波福知山城の西軍残党の小野縫殿助《ぬいのすけ》重次を攻めました。その功と細川忠興の家康に対するアピール効果大にして、翌慶長六年（一六〇一）細川忠興に加増されていた豊後速見郡六万石のうち、豊後速見郡日出《ひじ》に三万石を分け与えられました。

延俊を初代とする日出藩は細川家の支えもあり、一度の転封もなく続き、明治を迎えています。四男俊定は、西軍について戦ったため、戦いのあとは、弟秀秋に身を寄せています。しかし秀秋の死の数日前に俊定も死を迎えたという不可思議な事実があります。

■五男・秀秋について

最後に五男・秀秋の行動については、今までさまざまな諸説が論ぜられています。

伏見城を攻撃し陥落させた秀秋が、関ヶ原では西軍を攻撃し、東軍を勝利に導いた世間的には「寝返り」と言われている行動が、実は家康には事前に伝えられていて、それにはねねの意向が強く働いていたという説もありますが、事実がどのようであったか、知ることはできません。

木下家定と息子たちの、関ヶ原における行動を簡略な図にしてみます。

家定（中立）
- 勝俊（東軍から戦線離脱）
- 利房（西軍）
- 延俊（東軍）
- 俊定（西軍）
- 小早川秀秋（西軍から東軍へ）

秀秋は三歳のときから、秀吉・ねね夫婦の養子として、ねねの手元で育てられていました。秀頼誕生で、小早川家に養子に出されてしまいますが、ねねの甥という身内でもあり、一番長く生活を共にしています。実の子同然に思って当然ではないでしょうか。

秀秋に対する感情は、ねねにとって特別なものでありました。事の良し悪しを超えて、秀秋に生きていてほしい、兄弟で争わないでほしいと願う、母の心が生じていたはずです。

その心がどのような形であれ、伝わり行動になったのか、さまざまに想像されます。

四百年前に時を遡らせたい気持ちになります。

ともあれ、秀秋の働きで東軍は勝利をおさめ、その功から家康より「我が子（秀忠）同様に扱う」という感状（『足守木下家文書』）が出されています。秀秋は備前美作五十一万石の領主となりましたが、二年足らずで、二十一歳の若さで亡くなりました。若過ぎる死については諸説あります。没する半年前に、秀秋は、ねねから金五十枚（五百両）の借用をしています。五十一万石の城主が叔母のねねに借金をしていることに驚かされますが、豊臣家を離れた秀秋に対しても身内として応じていたねねの心づかいが伝わってきます。

小早川秀秋には子がなく、家は絶えました。

小早川家について足守藩では興味深い話が残っています。

江戸後半、足守藩の日置《へき》流弓指南役吉田方行《かたゆき》の二男・太平太隼人《たへいたはやと》が小早川家再興を毛利家へ願い出ました。何も知らされていなかった足守藩は驚き、即刻、話はつぶされました。累が及ばないよう太平太は吉田家を離れ、士分を捨てて、以後、土肥《どい》隼人と名乗って歴史研究に没頭し一生を終えています。

その墓は、吉田家とは別の寺（守福寺）に、毛利家のある西に向かって一基だけ建てられています。

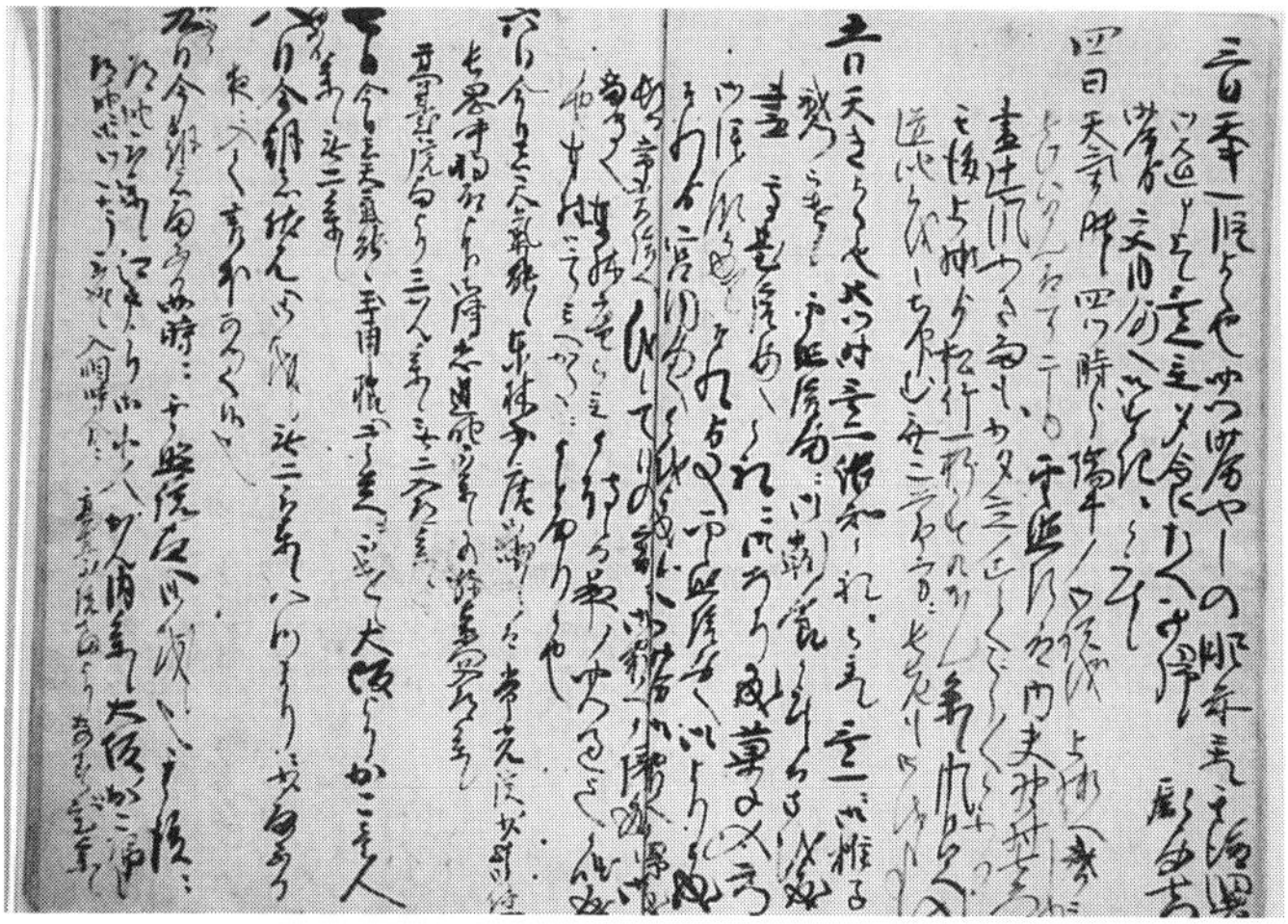

『木下延俊慶長日記』(部分)

■『木下延俊慶長日記』—慶長十八年日次記

家定三男延俊が藩祖となった豊後国日出藩主木下家は、一度も転封改易がなく、幕末まで十六代にわたって存続し、明治維新後は子爵家となっています。

この日記は十八代俊凞《としひろ》氏が昭和六十一年に死去したあと、遺品の中から奥様の実家である京都で発見されたものです。現当主十九代崇俊《たかとし》氏の所蔵されているものですが、崇俊氏の姪にあたる荘美知子氏の熱意と、専門家の協力により翻刻され、新人物往来社より出版もされています。

内容は延俊三十七歳の一年間、慶長十八年(一六一三)元日から十二月晦日までの日々の行動を、侍臣二人が五日ごとに書きまとめたものです。

慶長十八年といえば、大坂の陣の前年ですが、記されている内容は緊張感漂うものではなく日々の暮らしそのものなのです。正月を江戸で過ごし、駿府で家康に挨拶し、京では四カ月をのんびり過ごします。六月末に豊臣秀頼の大坂城へ立ち寄って、海路豊後へ向かい、七月五日に日出に到着。以後、十二月晦日まで日出で過ごした、一年間の暮らしぶりが詳細に書かれています。

江戸滞在中のほとんどは、連日のように行われた振舞（会食）や数寄（茶会）、謡曲などによる諸大名・幕臣との交流でありました。

秀吉側近の大久保忠隣《ただちか》・本多正信・土井利勝・酒井忠世をはじめ、池田利隆・福島正則・古田織部・蜂須賀至鎮《よししげ》・杉原長房など、約五十名にも及ぶ名前が日記に残されています。

江戸を離れる前、二月二日「暇乞い出仕し脇指拝領」、翌三日にも「御馬拝領」とあり、将軍秀忠には気に入られていた様子です。京への道中では、拝領の馬を誇らしげに見せています。駿府で鷹狩りに出かけていた家康を待つ間にも、ねねの側を離れて家康のもとにいた孝蔵主の訪問を受けたり、家康側近の本多正純・藤堂高虎ら多数の人と交流しています。

道中は、のちの格式ばった参勤とは違って、数名の供侍を連れたのみで騎馬で移動しています。近隣の藩主・細川忠利（豊前小倉三十九万九千石細川忠興の嫡子）や稲葉典通（豊後臼杵五万六千石）と一緒に旅しています。とくに細川忠利とは、寄り道して寺参りをしたり、互いの宿を訪ねあったりと、当時すでに没していた延俊正室加賀の甥でもあり、二人は大変気が合っていたようです。

木下家はのちの大坂の陣では徳川方につきましたが、慶長十八年当時は将軍秀忠、大御所家康はもとより、「大坂様へ御礼御申」と、豊臣秀頼への挨拶も欠かさず、全方位外交の姿勢を貫いています。

当時、亡き家定の息子のうち、領地を持って大名であったのは延俊のみでした。長兄勝俊は武士を捨てていましたし、次兄利房は失領中で、叔母ねねの側にいました。弟の俊定と小早川秀秋はすでに亡くなっています。

社交上手で交際範囲の広い延俊が、できる限りの情報を得て、それを親類縁者に伝える役を一手に引き受けていた、ある意味、木下家の外交担当官の役目を果たしていたと考えられます。そのような視点からこの日記を読みますと、「使者ヲ遣ハス」記述や飛脚の往来が数多く書かれているので、一大名の交際というより誰かの諜報役だったのではないかとさえ思え、興味深いものがあります。

私が最も興味をひかれるのは、延俊の四カ月に及ぶ京都滞在での身内との交流です。

京には父家定の墓所常光院があり、生母雲照院《うんしょういん》（杉原家次女）、娘の於豊《おぶん》、一万六千石の所領を持つ叔母高台院（ねね）、叔母長慶院、兄利房、弟外記がいました。延俊はそういった身内としばしば往来し合い、心安らぐ時を過ごしています。高台寺・常光院・豊国神社へのお参りから、会食は頻繁にあり、延俊が風呂を造ったので兄利房が風呂に来たなど書かれています。

中でも目を引くことは、延俊に対する叔母ねねの細やかな心づかいです。四月十九日に娘於豊がねねを訪ねる。二十七日には「高台院さまより御子供たちへ御かたびら遣はされ候」とあり、五月に入ってからは、四日、端午の祝儀にねねを訪ねると松茸一折九本届き、五日菓子折二つ、六日密柑《みかん》、九日茄子、十七日すずき、二十二日肌衣《はだぎ》、六月になると二日瓜《うり》、十五日にねねを訪ねると、再び帷子・ねまき・ろうそく・きんちゃくなどを拝領しています。二十日には延俊の体調がよろしくないと聞いて、見舞いの手紙と薬が三色届いているのです。

このような心づかいは延俊にだけではなく、必ず他の身内縁者に対してもなされていたことでしょう。ねねが京都にいた木下一族の大きな支えであったことがよく解ります。

関ヶ原から十八年の時が過ぎています。ねねは六十五歳となり、兄家定や尾張以来の仲であった加藤清正や福島正則もあの世の人となっています。ねねにとっては、甥のうち延俊だけが大名として生き残っていることが、大きな心の支えとなっていたと思われます。

慶長期の大名日記は珍しいそうです。機会がありましたら、ぜひ読んでいただきたい本です。

■足守藩と日出藩

江戸時代に、豊臣につながる大名家として備中足守と豊後日出に、二つの木下家が存続していたことは、現在ほとんど知られていません。互いの地元でも知る人は少ないでしょう。

私自身、二十年前偶然に京都高台寺で荘美知子さんと出会い、高台寺の和尚様からの「お二人は昔々ご親戚でしたからね」との言葉で、初めて互いの存在を知ったような次第です。荘さんは『木下延俊慶長日記』が翻刻され、出版されたあとだったので、大変詳しく話されるのですが、足守のこともよく知らない私は「将来、日出と足守の交流会をしましょう」との約束をして別れました。

そして平成十八年（二〇〇六）三月二十五日、晴天に恵まれた高台寺四百年祭の法要で、日出木下家十九代当主・崇俊氏とのご縁をいただきました。崇俊氏のお話の中の「木下は足守がご本家ですし、私たちの元々は一緒でスギハラ姓ですから……」との言葉に驚き、充分な理解のできていない自分が恥ずかしくなり、それから父・祖父・ご先祖のこと、地域の歴史をきちんと知りたいと勉強を始めた次第です。気づけば資料は近くに数多く眠っていました。

足守は家定二男利房が継ぎ、日出は家定三男延俊から始まります。足守藩と日出藩のつながりを簡単な図にしました。（図　足守藩・日出藩木下家関係図）

木下家{足守藩・日出藩}関係図

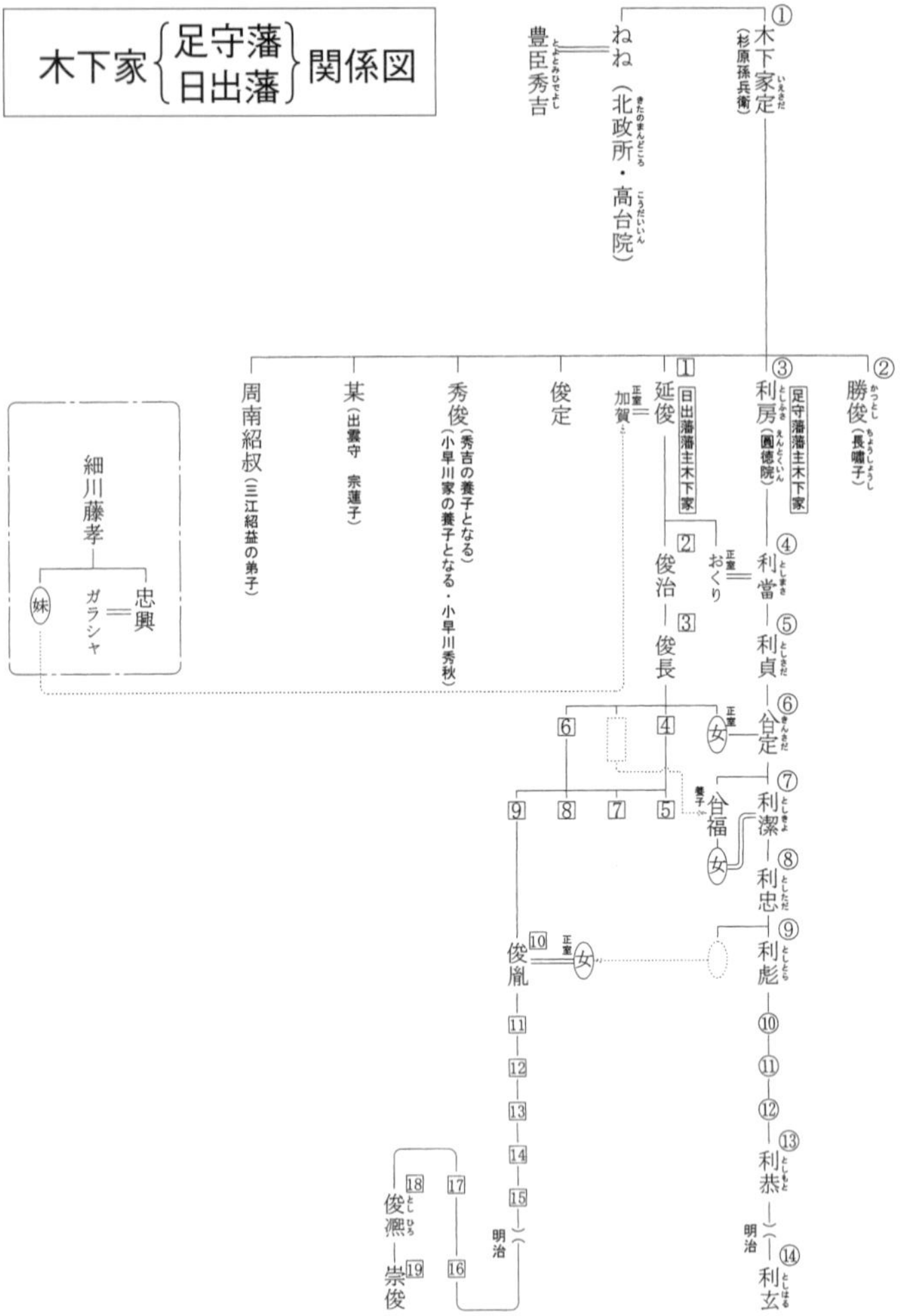

両藩主の系図をみると、互いの間で弟や息子を養子としたり、娘を正室に迎えたり、確認できる限りで四回の姻戚関係を結んでいます。

その最初が足守三代利房の長男である四代利當《としまさ》（幼名・熊之助）と日出初代延俊の三女於栗《おくり》のいとこ同士の結婚です。ねねの存命中のことで、二人の婚姻の知らせを聞いたねねが大変喜び、「こなた二ても日をみせ候ハハ廿二日一たん吉日のよし申候へば」と、自らも祝言の日が吉日であることを確認して「春《す》ゑ《え》者《は》んしやうのはし二て候」と、延俊あてに送った書状が足守木下家に残されています。（ねねからの手紙（部分）。くまの介　おくり　卯月廿二日尓《に》　志《し》う遣《け》んの　よし）

追琢館《たいたくかん》という学舎をつくり、藩内で果樹栽培を奨励し、赤穂城の受取りを勤めた名君として知られている足守藩六代谷定《きんさだ》は、日出藩の名君といわれる三代俊長の娘を正室に迎えています。二人は実子に恵まれなかったようで、再び俊長二男織部を養子にしています。

また、足守八代利忠の娘は日出十代俊胤《としたね》の正室になっています。婚姻には必ず家臣がついてくるものですから、家臣間の交流も行われていたことでしょう。

日出木下家の菩提寺である松屋寺《しょうおくじ》（曹洞宗）には、延俊の祖母にあたる朝日方（ねねの母）をはじめとして、父家定、日出藩歴代藩主の墓塔が並ぶ、立派な墓所があります。松屋寺の名称も、朝日の院号（康徳院松屋妙貞大姉）に由来しているようです。

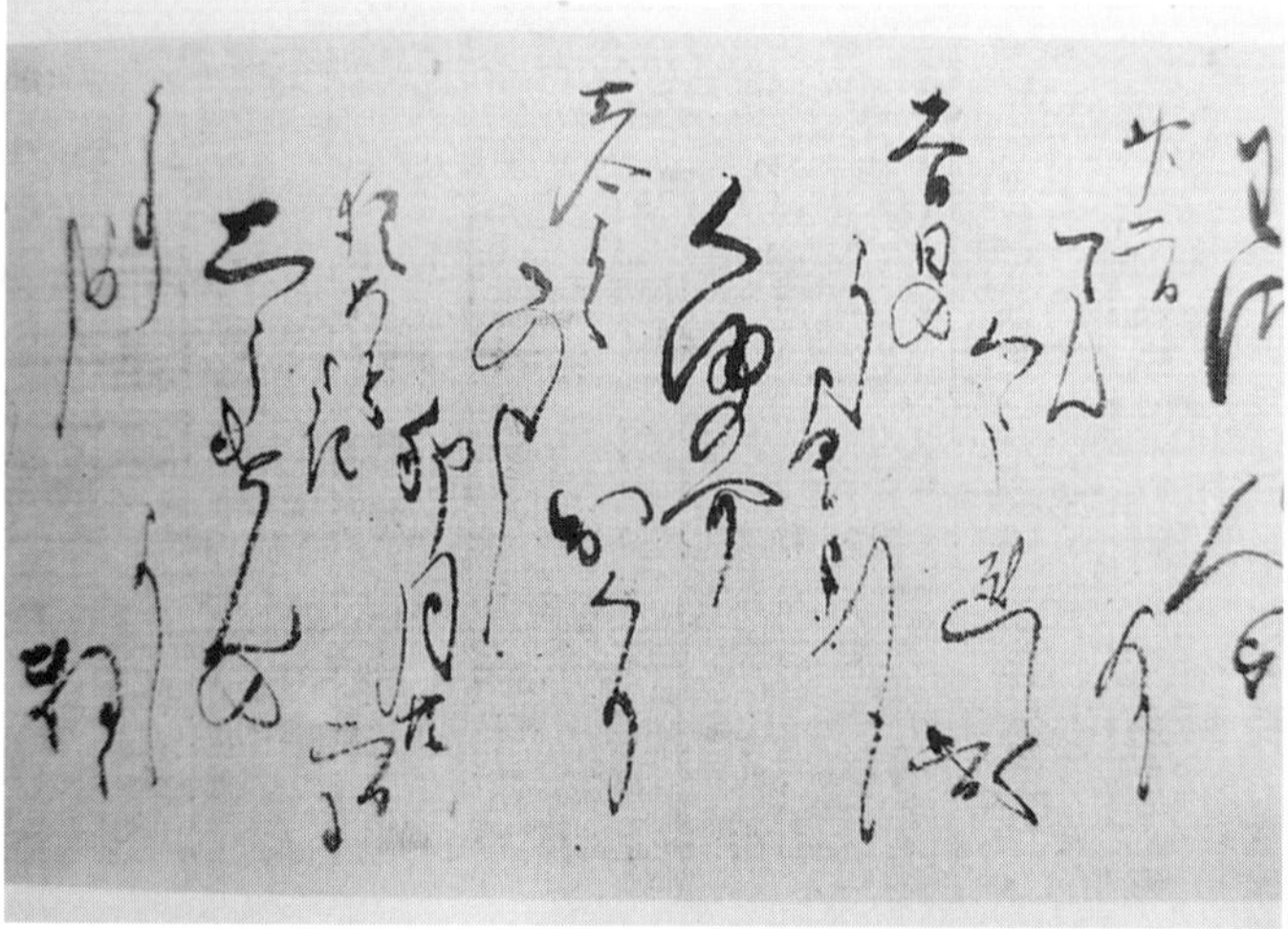

ねねが木下延俊に送った書状（部分）

松屋寺にある日出木下家の墓所

このように見てくると、外様小大名の両木下家は互いに助け合い、支え合いながら、徳川の治世を生きのびています。ねねの願いは細々ながら、受け継がれてきたのです。

■土蔵のこと

現在、足守藩陣屋跡の右隣にある長屋門付土蔵は、「廃藩以来、散乱シ蟲蝕鼠壊セシ御書籍御文具御武器……等々」を収蔵するため、明治三十五年ごろ、忠義心あふれる旧家臣・禰屋《ねや》庸《つね》夫《お》氏が自分の屋敷を移築して建てたものです。

その調査のときに作られた「御所蔵品目録草案」が祖父の手元に残されていました。土蔵内の品物については、大正時代の売立もあり多くが失われたようですが、確かな記録はありません。戦後、岡山大学により調査が行われています。

昭和五十六年から五十七年にかけては、岡山県史編纂のため、岡山県が岡山大学文学部の協力を得て、土蔵内の資料調査を行いました。その結果、明治三十五年作成の目録にはなかった、太閤秀吉の関白叙任書を含む一連の文書や、家康が秀秋に送った感状など、大坂城の落城とともに灰になってしまったと思われていたものが見つかったのです。叙任書発見のニュースが報道され、新聞の一面に掲載されるや、見学者が急増して、地元管理人の立場にあった父は開業医の傍ら、その対応に追われて大変な毎日だったと言っておりました。昭和五十七年秋に「ねねと木下家文書」と題して開催された展覧会図録に寄せた「木下家の遺品を守って」の一文の中に「マスコミの威力をまざまざと見せつけられました」と書いています。堅物・生真面目な父にとって嵐の中にいるような一年間だったと思われます。

それから二十五年が過ぎ、土蔵は風雨にさらされて粗壁は所々でくずれ、雨漏りもはげしくなっていました。もう土蔵内には空箱しか残されていないと聞かされていた母と私は、痛ましい姿とは思いつつ、日々過ごしていました。

しかし、土蔵内に取り付けられている火災報知器が鳴ることが多くなり、内部の確認が必要となりました。いつの間にか土蔵の鍵も行方不明となっていて、行政と木下家子孫の方と相談の上、元通り復元するという約束を交わして、木枠と金網を切って侵入するという荒っぽい方法で蔵を開けました。平成十九年（二〇〇七）四月のことです。

運び出されたものは、積もり積もった土埃の中、鎧や弓矢、諸々の空箱、生気を失った道具類、足守陣屋で繰り広げられた歴史の残滓とも思えるものばかりでした。感傷に浸っている余裕はなく、一日限りの搬出作業だったので、必死で我が家の土蔵に運びこみました。

途中、立ち会ってくださった学芸員の方が二つの平らな箱に目を留められ、きちんと見るようにとの指示を受けました。その場で開けた一つの箱には「領知目録」の文字が読め、これは大切なものと感じ、二つの箱とも自分で家に運びました。作業が終わった夕方、もう一つの箱

足守藩陣屋跡の隣に建つ土蔵

平成19年に土蔵から見つかった「鳳凰之御硯箱」

を開けてみようと、外箒で土埃をはらうと墨書の文字が現れました。私にとって驚きの瞬間でした。

木箱には「太閤秀吉公御所持　従□高台院殿譲」の墨書があり、内に痛々しい破壊の痕跡とともに、黒地に一羽の金色の鳳凰がすっくと立ち、初夏の西陽を浴びてキラキラと輝いていたからです。嘴を閉じ羽を広げ、周囲を威嚇するかのような強い姿と、その鋭い眼光が「あなたは開けてしまったのですよ」と言わんばかりでした。

それが、明治三十五年作成「御所蔵品草案」の「御重器類」第二項に「鳳凰之御硯箱」（損物・水入・硯共ニナシ）と記されていた硯箱と一致するものと確認できたのは、しばらくの時が経ってからでした。第一項にある「子ノ日《ねのひ》御琴」と記された十三絃の箏も後日の調査で確認されました。

専門家によると、ねねの時代にさかのぼる極めて上等な硯箱と認められましたが、不思議なのは、上等な遺品でありながらどちらも激しい破壊の跡が見られること。明らかに意図的に壊されながらも代々伝えられてきたという矛盾を秘めたものでした。

足守藩主三代利房は、ねね没年の翌年には幕府より禁裏御番を仰せ付けられ、京都東河原屋敷（ねねの居住地？·現圓徳院か？）を拝領しましたが、四代利當になって、その京都屋敷が差上（取り上げ）となり、寛永十五年（一六三八）初めて足守へ入封を許されました。徳川幕府は三代家光が将軍となっていて、民衆のあいだで人気のあった秀吉・ねねにつながる木下家の存在を消すためにも、京都の地から排斥されたのではないかと推測されます。そのとき、徳川に対する忠誠の証として、この二つの品は踏絵のように破壊されて、足守の地へ運ばれたのではないでしょうか。そして足守の地で、破壊された硯箱は形状復元がなされたのでしょう。接着に使われた麦漆がいたるところにはみ出し、指跡が生々しく残っていました。

歴史に翻弄されたと推測されるこの硯箱はよいご縁に恵まれ、ある財団の助成を得て、破壊の痕跡を残した姿のまま今後の保存に耐えうるように、現状維持保存が行われました。平成二十五年度中に公開予定です。

■おわりに

現在、昭和五十七年に発見された古文書の一部は東京で、大部分は岡山県立記録資料館に寄託されています。また、足守文庫に収蔵されていた木下家伝来の品々と、平成十七年の土蔵調査で見つかったものは、岡山シティミュージアムに一括して寄託されています。

役目を終えた土蔵は岡山市により、木下利玄生家とともに景観重要建造物として建て直されました。足守へお越しの節は、このような歴史背景を抱いてひっそりと存続した足守藩に思いを馳せながら、空想の世界で散策していただければ幸いです。

官兵衛、幽閉さる

黒田父子の決断と家臣の結束

堀本一繁

本日の講座では、黒田官兵衛孝高（如水）が生きた時代に、彼の周辺で実際に交わされた原史料を素材に、天正六年（一五七八）に官兵衛が有岡城に幽閉された時の、黒田家中の動きや対応をお話ししていきたいと思います。

黒田家の家臣たちが誓った四通の起請文を中心に話をしますが、これは官兵衛の子孫、福岡藩主黒田家に伝わった文書群で、現在、福岡市博物館所蔵となっている「黒田家文書」に含まれています。

■黒田家文書について

「黒田家文書」は長らく黒田家で秘蔵されてきましたが、黒田家第一四代当主長禮《ながみち》氏の亡くなられた直後、昭和五十三年（一九七八）九月、国宝の金印「漢委奴國王」、大身鎗　名物「日本号」とともに茂子夫人から福岡市に寄贈していただき、福岡市美術館での収蔵・展示を経て、平成二年（一九九〇）、福岡市博物館のオープンにともない、一部の美術品を除く大部分の黒田家資料が博物館に移管されました。展示公開だけでなく、図録『黒田家の甲冑と刀剣』（一九九四年）、史料集『黒田家文書』第一巻～第三巻（一九九九、二〇〇二、二〇〇五年）の出版等、広く文化財としての活用に努めています。現在、福岡市博物館では、①国宝「金印」一顆、②刀剣類七三件、③歴代藩主所用甲冑三九件、④絵画五八件、⑤書跡二四件、⑥絵図五八件、⑦武芸書二〇件、⑧その他八三件、⑨古文書三千件余を収蔵しています。

官兵衛の事績を知るよい書物を二つだけ紹介しておきましょう。まず最初に、江戸時代前期に貝原益軒が編纂した『黒田家譜』があります。『黒田家譜』には官兵衛・長政父子宛の「黒田家文書」が一四三通収録され、『黒田家文書』第一巻において原本が公開される以前は、それで見ることができました。益軒は江戸幕府から命じられた『貞享書上』編纂の際に「黒田家文書」の原本をつぶさに調べ、その成果が『黒田家譜』の編纂に反映されました。『黒田家譜』収録の一四三通のうち二七通は原本の所在がわからず、その価値は非常に高いものがあります。

もう一つ、時代がぐっと下った大正五年（一九一六）に、金子堅太郎『黒田如水伝』が出ました。金子堅太郎（一八五三〜一九四二）は父親が福岡藩士で福岡生まれ、伊藤博文の側近として大日本帝国憲法の起草に携わり、伊藤内閣の大臣を何度か務めた人物です。明治三十九年（一九〇六）ごろに行われた黒田家伝来の文書や武具甲冑の整理の責任者で、金子も原本を見ており、『黒田如水伝』はその成果を基にして書かれたものです。

本日は、それら後世の編纂物はひとまずおいて、官兵衛の時代に交わされた古文書をもとに話をしていくことにします。

■官兵衛の出自

官兵衛は、播磨守護赤松氏の有力家臣であった御着城主・小寺政職の家来として、歴史上登場します。黒田家は『黒田家譜』などによると宇多源氏の佐々木氏の庶流で、備前福岡（現・岡山県瀬戸内市）を経て姫路に移住したのは官兵衛の曽祖父高政・祖父重隆からとされていますが、実のところ出自はよく分りません。室町幕府の奉公衆で黒田と名乗る者がいますが、これは佐々木源氏の黒田氏で、室町時代にもっとも著名な家でしたので、江戸時代になってその系図に結びつけたものかと考えられます。播磨の黒田庄（西脇市）を名字の地とする、赤松氏の分かれという系図（荘厳寺蔵）も最近知られるようになりました。

黒田家が当時の確実な史料に初めて登場するのは、官兵衛誕生の四年前、天文一一年（一五四二）七月二十日付けの黒田宗卜（重隆）・山脇職吉連署奉書（『姫路市史』第九巻「芥田家文書」五二一-三号）です。これに官兵衛の祖父重隆が「黒田入道宗卜《そうぼく》」という入道名で署判しています。小寺家の奉行人（家臣のトップ）として、山脇職吉《もとよし》と連名で、麦にかかる年貢を免除するという免許状を曼陀羅院に発給しています。

官兵衛の父職隆の代になりますと、主家の小寺政職の苗字を与えられ、小寺姓を名乗ります。一門格の待遇を受けたのです。実名の「職」も政職から授けられたものです。姫路城を預けられ、小寺家中の中心的役割を担いました。官兵衛はこの地位を継承していきます。

それでは、官兵衛は史料上いつ登場するのかといいますと、『黒田家譜』では永禄五年（一五六二）十七歳で初陣を果たし、その前年に結婚したとしますが、現存する確たる史料でみますと、永禄十年（一五六七）十二月二十三日付けの小寺祐隆下地売券（『姫路市史』第九巻「正明寺文書」四・二八号）という土地の売却状が、史料上の初見となります。「小寺官兵衛尉《かんびょうえのじょう》祐隆《すけたか》」という名乗りで花押も据えています。父職隆と同様に小寺姓を称し、初めは「祐隆」と名乗っていたことが判明します。永禄十三年より天正六年（一五七八）までは「孝隆《よしたか》」、その後、一般に知られる「孝高」を用いるようになります。

少し下って天正四年（一五七六）の「伊勢参宮海陸の記」（『姫路市史』第八巻）という、伊予（現・愛媛県）の西園寺宣久《のぶひさ》の紀行文に、姫路城主として官兵衛が登場します。お伊勢参りに行く宣久が姫路に立ち寄った時のことです。「姫路の用害〔要〕小寺官兵衛尉城主なり、播磨のこふ（国府）なり、惣社に少休、又官兵衛尉しかた（志方）と云所まで案内者を添る」と記されています。

■織田信長の陣営へ

信長の陣営についたのは天正三年（一五七五）七月のことだと『黒田家譜』には書かれています。官兵衛は小寺政職に織田信長が天下を取るとして織田方につくことを進言し、自ら志願して岐阜城の信長のもとに参上します。その時に信長から授けられたと伝えられているのが、「圧切長谷部《へしきりはせべ》」という国宝の刀です。信長が勘気に触れた茶坊主を叩き切った刀と伝わっています。毎年正月に福岡市博物館で展示しています。長谷部《はせべ》は山城（現・京都府）の刀工で名を国重《くにしげ》といい、この刀は刀身全体に焼きが飛び散った華やかな皆焼刃《ひたつらば》という刃文の最高傑作です。

天正三年という時期は非常に微妙な時期でして、織田と毛利が戦闘状態に陥る前の年です。戦が始まるのを見越してその前年に、それまでは毛利氏の影響が強かったのに、それをあえて岐阜まで出向いて信長方についたのですから、官兵衛が政情分析能力にいかに長けていたかが分かります。

ここで官兵衛が有岡城に幽閉された天正六年（一五七八）に至る播磨国を取り巻く政治状況を、簡単に概観しておきましょう。

播磨の政治情勢が天下統一に向けて大きく動き出すのは天正四年からです。織田信長は天正元年七月、室町幕府十五代将軍・足利義昭を追放し、八月には浅井・朝倉氏を滅ぼします。翌二年四月から本願寺との抗争が始まり、同三年五月には長篠の戦で武田氏を破ります。天正四年の政治状況は、信長が東は北陸あるいは甲信越に攻めて行こう、西は中国地方に攻めて行こうという時期にあたりまして、これから安芸（現・広島県）を本拠とする毛利輝元と戦闘状態に入っていきます。当時の播磨は、東から信長の勢力、西から毛利の勢力がぶつかり合う境界地帯でした。元々播磨は赤松氏の本拠地でしたが、この頃は赤松氏が没落して東に別所、中央に小寺、西に赤松の庶流が割拠するという状況でした。天正五年になると秀吉が信長の命で中国攻めの司令官として派遣され、姫路城に入ります。

織田軍の中国攻めの司令官といえば羽柴秀吉ですが、初発の段階は秀吉ではなく荒木村重で、小寺家はその軍事指揮下に置かれていました。そのことを示すのが、（天正五年）五月十六日付け荒木摂津守宛織田信長黒印状（『黒田家文書』第一巻四二号）と、その二日後に出された（天正五年）五月十八日付け小官兵宛荒木村重書状（同一五六号）です。「小」は小寺の略で、「官兵」は官兵衛尉という官兵衛の通称のことです。一通目は、官兵衛が姫路の英賀方面で毛利軍と戦闘の上撃退したことを信長から褒められた感状ですが、宛名が村重となっていますように、そのことは村重を仲介として伝達されました。つまり、荒木村重が司令官で、その配下に小寺政職がいて、小寺家中の中心的役割を果たしたのが官兵衛という関係です。

官兵衛が天正六年十月に、なぜわざわざ幽閉されに有岡城に行ったかというのも、最初に信長の勢力が播磨に及んできた天正四年、五年の段階では、その司令官が荒木村重であり、その時に培われた関係があったためと考えられます。しかし、天正五年十月以降には司令官が替えられ、秀吉が播磨の国に乗り込んできました。村重が信長から離反したのは、その辺が原因の一つとして絡んでいるのかもしれません。

■秀吉との出会い

秀吉は播磨に入る直前、天正五年七月二十三日付けで官兵衛に直筆の手紙（『黒田家文書』第一巻一二一号小くわん宛羽柴秀吉自筆書状）を送っています。「其方の儀は我等弟の小一郎（秀長）め同然に心安く存じ候」とあります。他の箇所では、自分を憎む者はおまえまできっと憎むだろう、一心同体だ、その心得をもって用心をするように、ということを言っています。秀吉は官兵衛より九歳年上であり、しかも当時、飛ぶ鳥を落とす勢いの織田家中の中国方面司令官、そういう人物に「おまえは弟同然だ」とか「一心同体だ」と言われたら、やはり俄然頑張ろうという気になったのではないでしょうか。実際秀吉が播磨国に入ってくると、官兵衛は秀吉に従い先陣を務めました。人を惹きつける才に長けていたといわれる秀吉の人たらしの面目が躍如している手紙です。

天正五年九月、信長は官兵衛に「天下布武」の朱印を捺した手紙（『黒田家文書』第一巻三八号小寺官兵衛尉宛織田信長朱印状）を送りました。手紙の内容は、備前方面を攻撃するために秀吉を派遣する、戦でどういう働きをするか、ならびに人質の差し出しについては秀吉の指示に従って奔走しろ、というようなことでした。もう播磨は自分の勢力範囲だという認識を信長はしているのです。そしてこの朱印状により官兵衛は秀吉の配下となることを正式に命じられたのです。秀吉は十月二十三日に京都を進発し、官兵衛の姫路城を拠点に中国攻めを進めていきます。ここから秀吉の軍師としての活躍がスタートするのです。

■黒田家存亡の危機

当初は織田方についた人たちが、やがて秀吉に反発するようになり、天正六年（一五七八）に三木城の別所長治が離反し、三月から三木城攻めが始まりました。

天正六年十月には、信長から摂津一国を与えられていた荒木村重が謀反を起こしました。そして小寺政職は村重にならい毛利方に転じます。『黒田家譜』によると、その時、職隆は官兵衛に対し次のように語ったと伝えられます。「一筋に信長公を主君と仰ぎ、また小寺殿を旗頭と頼む上は、いよいよ信長公に二心なく、また小寺殿に背かざるが、只今当然の義理なり。かく忠義を尽くしても、僻事《ひがごと》をもって殺害せられれば、我が家の滅亡、是即ち、天命の至る所と思うべし」と、信長に対しては二心なく仕えたい、一方、元々の主人である小寺政職に対しても背きたくないと、苦悩するわけです。そして御着城の小寺家への出仕をやめて籠城したりすると敵対することになって具合が悪いから、きちんと出仕しようということになりました。そして、できれば難を逃れてほしいけれども、駄目な時は切腹しろと言い置いて、別れ際に職隆と官兵衛の二人は涙ぐんだとも書かれています。そして官兵衛はいつもどおり出仕しました。それを殺してしまえば、姫路城にいる父職隆や黒田家中が反発するということで、小寺政職は自らは手を下せません。そして有岡城の荒木村重のもとに官兵衛を遣わしたのです。

この時、小寺政職は官兵衛にこう命じています。「我、今度信長に背き、毛利家に属せんと思うも、元来、我等、荒木と一味にて、彼にわかに志を変じて我をすすめし故なり。荒木もとのごとく再び信長へ心を属せば、我等も信長に属すべし。貴殿はまず荒木が許へゆきて、いかにもして彼をいさめ、信長方へ引き入れ候へ」と、官兵衛を村重のもとに送り込みます。

官兵衛は以前村重の配下にありましたから、村重を説得する自身があったのでしょう。ひときわ先見の明を有していた官兵衛にしてみれば、この段階で信長に謀反を起こして毛利方に転じるなどありえない選択だったのです。

しかし、理屈通りに事が運ばないのが現実でありまして、官兵衛は捕らえられ牢屋に幽閉され、まさに地獄を見ることになりました。この時三十三歳、ちょうど働き盛りです。人質に取られている世継ぎの松寿丸（後の長政）は、官兵衛の裏切りを疑った信長が殺してしまえと命じます。

「おまえは弟同様に心安く思っている」と絶大な信頼を寄せていた秀吉でさえ当初、官兵衛が寝返ったと思い込んでいました。幽閉直後、天正六年十一月十一日付けで出した、官兵衛の叔父（職隆の弟）小寺休夢（後に秀吉の御伽衆）宛の手紙（『黒田家譜』所収）を見ますと、「官兵事、別而、荒摂（荒木摂津守村重）無等閑候、今度之仕合不及是非候、然而、美濃殿（小寺職隆）・貴所無二御心底感入申候」とあります。官兵衛はとりわけ荒木村重と昵懇であった、今度の仕儀は致し方ない、けれども官兵衛の父職隆とその弟の小寺休夢の二人は織田方に対して二心ないという態度を表明してくれているので感じ入っている、と語っています。つまり信長だけでなく秀吉も、官兵衛が村重に組したと見ていたのです。

四通の起請文

このような危機的状況の最中、一大事にあたり黒田家中の人々は、起請文と呼ばれる誓約書を黒田家に提出しました。次の四通の起請文を読み解いて、当時の黒田家家臣団の苦悩と決断について見ていきましょう（本文は本章末尾に掲載）。

起請文は次の四通です。

①天正六年十一月五日付　御本丸宛　黒田氏家臣一二名連署起請文
（『黒田家文書』第一巻一八八号）
②天正六年十一月吉日付　御本丸さま宛　黒田氏家臣二三名連署起請文（同一八九号）
③天正六年十一月吉日付　御上様宛　黒田氏家臣七名連署起請文（同一九〇号）
④天正六年十一月七日付　小川与三左衛門尉宛　小河俊等一二名血判連署起請文（同一九一

表「起請文署判者一覧」

No.	署名者 （宛所）	188 号（12 名） 御本丸	189 号（23 名） 御本丸さま	190 号（7 名） 御上様	191 号（12 名） 小川与三左衛門尉
1	喜多村六兵衛尉勝吉	上 1			
2	長田三助助次	上 2	下 3		
3	母里与三兵衛（正勝・浄甫）	下 1	上 4		
4	衣笠久衛門景／～久右衛門尉（景延）	下 2	下 1		
5	喜多村甚左衛門／～尉	下 3	上 6		
6	藤岡甚兵衛	下 4	下 5		
7	小川与三左衛門／～尉	下 5	下 4		宛所
8	上原右助	下 6	上 5		
9	宮田治兵衛／～信元	下 7	上 3		
10	栗山善助／～泰重（後名利安）	下 8	上 2		
11	後藤右衛門／～尉	下 9	下 2		
12	母里多兵衛友（友信）	下 10	上 1		
13	中村喜右衛門正友		上 7		
14	篠原治部左衛門尉		上 8		
15	宮井弥介		上 9		
16	尾江右京亮		上 10		
17	中村与一兵衛		上 11		
18	志方左助		上 12		
19	金川六右衛門尉		下 6		
20	尾江宗節		下 7		
21	母里九右衛門		下 8		
22	三郎右衛門尉		下 9		
23	三兵衛		下 10		
24	鳩岡二郎兵衛		下 11		
25	大野権右衛門尉			上 1	
26	首藤大郎兵衛尉			上 2	
27	尾上与七			上 3	
28	久野四兵衛尉（重勝）			下 1	
29	井上弥太郎（之房）			下 2	
30	吉田七郎兵衛尉			下 3	
31	桐山孫兵衛尉（信行）			下 4	
32	小河源二郎俊				1
33	宮内味介久重				2
34	東山助二郎通				3
35	津田藤五郎職				4
36	宮崎与大郎重吉				5
37	河原理兵衛直				6
38	鳩岡与次吉次				7
39	桂藤三郎文長				8
40	山元弥介雲				9
41	倉与四郎長禁				10
42	本所新六通次				11
43	栗山与三二郎				12
	（備考）				※差出者は与力

※数字は文書ごとの署名順、「上」「下」は２段組で記された署判の上下の別を示す

※網掛けは、後世、黒田二十四騎に選ばれる家臣

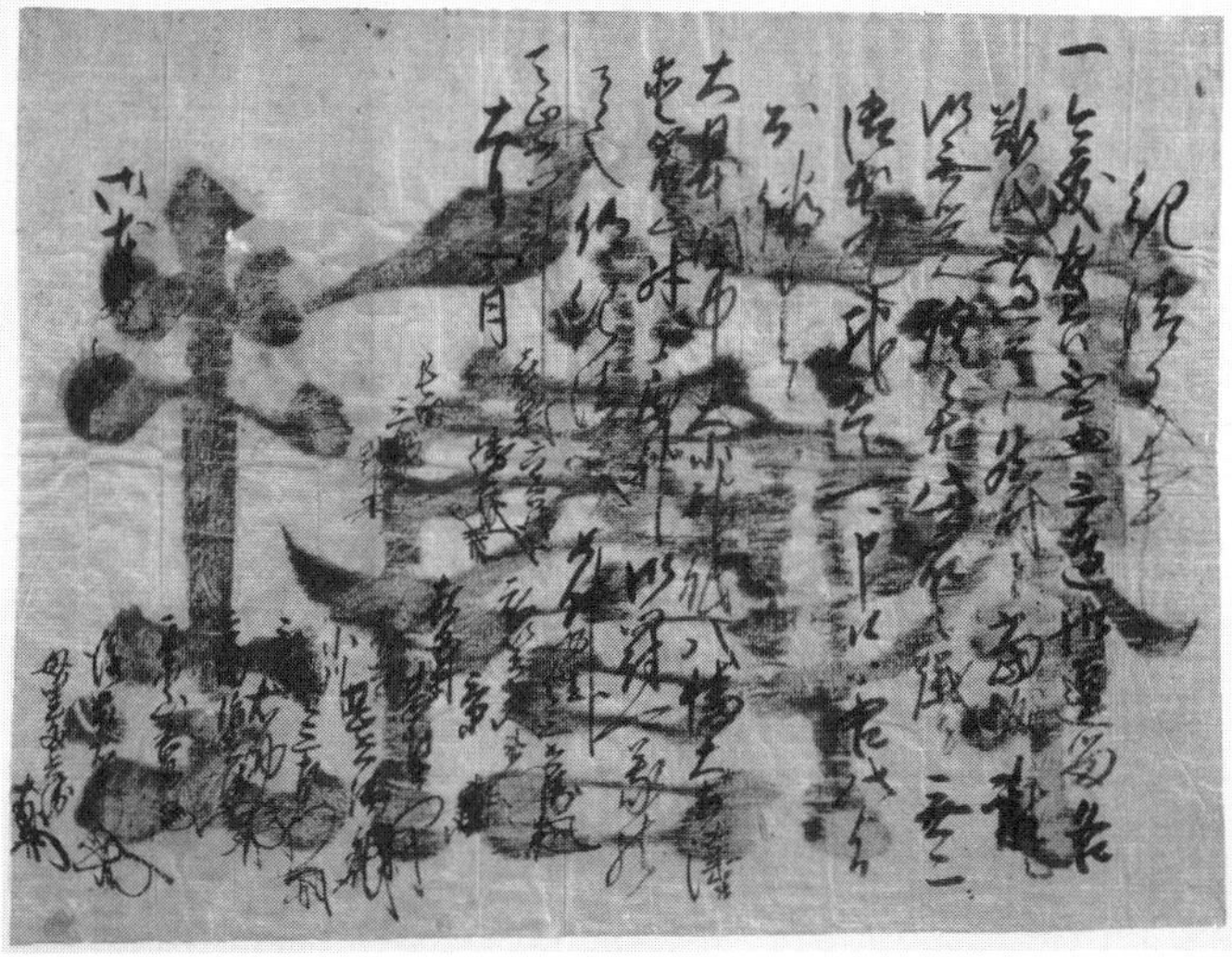

図版1　史料①黒田氏家臣一二名連署起請文（福岡市博物館所蔵）

号）

延べ五四名、複数署名を外すと計四三名の人たちが起請文に名を連ねています。①と②はだいぶ重なっていて、①に署名した一一名が②にも署名しています。③は①②と全て違う人たちが署名しており、④もまたこれらと異なる人たちが起請文を書いています。

この起請文というのは、グループ内の意思確認、あるいは第三者に対して誓約をする時に、約束内容が嘘偽りではないことを証明するために、自分が日頃信仰している神仏の名前をたくさん書き上げて、もし嘘偽りを申したならばこの神々の罰を受けても構いませんと、神仏の力を担保として誓い言をした文書です。大きく二つの部分から成ります。前半は「前書き」といって、誓約内容を「一、……　一、……」と箇条書きにした部分、後半は神文《しんもん》あるいは罰文といって神仏の名前を書き上げた部分です。通常手紙を書く白紙を用いるのではなく、神社や寺で発行される護符の裏側に書いたりします。史料①は牛玉《ごおう》宝印《ほういん》の裏に書かれた起請文で、表には真ん中に「八幡宮」、右側には「牛玉」、左側には「宝印」の文字が並んでいます（図版1参照）。これは石清水八幡宮の御札で、「八」は八幡宮の御神鳥の鳩を図案化したものです。

■誰に忠節を誓ったのか？　―「御本丸様」とは？

まず、誰に宛てられた起請文か、宛名に注目して読んでいきたいと思います。①②は「御本丸」「御本丸さま」宛、③は「御上様」宛になっています。

従来この「御本丸」や「御上様」は、貝原益軒『黒田家譜』や金子堅太郎『黒田如水伝』では、官兵衛の父職隆のことと理解されてきました。すなわち、この起請文は職隆に対して忠節を誓ったものという理解がなされていたのです。司馬遼太郎『播磨灘物語』でもこの理解を踏襲し、職隆が起請文を書かせたという設定になっています。

史料③の「御上様」ですが、ここで問題にしたいのは、この宛名をどう読むかです。通常「うえさま」と読みます。すると高貴な身分の人ということで主君の意味になりますが、もう一つ「かみさま」という読み方もあるのです。そう読むと、奥方を意味します。いわゆる「上《かみ》さん」です。例えば、中世の史料では、将軍の母を「大上様《おおがみさま》」と表現したりしています。

それでは史料③の誓約内容を具体的に見ていきましょう。もし「うえさま」と読むのであれば、それは父職隆を指すことになるのでしょうが、果たして妥当でしょうか。職隆は本文の二条目で「濃州様」（美濃守職隆）と呼ばれています。史料④においても一条目に「上様」とあり、二条目ではこれと別に職隆のことを「小美様」（小寺美濃守職隆）と表現しています。職隆は「上様」とは別人となります。そうしますと、この「上様」は「うえさま」ではなくて、「かみさま」と読まなければなりません。すなわち、これは官兵衛の妻光《てる》（幸圓、照福院）が該当することになります。つまりこの③の起請文は職隆に対して忠誠を誓ったものではなくて、官兵衛夫人に対して忠誠を誓ったものなのです。

この史料③に名前を連ねたメンバーは、後で読む史料①②と全く重なりません。また、官兵衛が「孝隆様」、光が「御上様」、嫡男長政が「松寿殿様」、また「濃州様」、「休夢様」（官兵衛叔父、小寺休夢）、「兵庫殿」（官兵衛弟、利高）と、官兵衛の家族に対して敬称を付けた丁寧な表現になっています。それに対して史料①②では官兵衛は「官兵」とだけ書かれ敬称が略されています。おそらく①②に連署した人たちよりも、③に連署した人たちは官兵衛により身近な間柄にあった人たちではなかったかと考えられます。

この史料③の起請文では、一条目で「孝隆様は遺恨があって有岡に逗留されているが、松寿殿様は長浜にいらっしゃるので疎略におもわず奉公を尽くします」と、明確に織田方の立場を表明しています。二条目では、難局を乗り切るための黒田家の指導体制が示されています。長政（十一歳）がまだ若年であるので、父職隆（五十五歳）、叔父小寺休夢（五十四歳）、弟利高（二十五歳）、この三人の指導に基づいて一致団結して忠義を尽くすこと表明しているのです。署名は久野四兵衛尉以下全部で七名です。久野四兵衛尉（三十四歳）や井上弥太郎（二十五歳）、桐山孫兵衛尉（二十五歳）は後世、黒田二十四騎に数え挙げられる人物です。

以上のことを踏まえて、次に史料①②を見ていきたいと思います。①②の本文はほとんど同じ文言で、宛名も「御本丸」「御本丸さま」と共通します。大きな違いは、署判者が史料①では一二名、史料②では二三名に増えることです。①の署判者は一名を除き②にも名を連ねています。おそらく、①が先に書かれた後、同志が増え改めて拡大メンバーで誓約しなおしたのが②ということでしょう。

宛名の「御本丸」ですが、本丸というのは城の中核的エリアのことです。江戸時代になると城主は二の丸御殿に住んだりしますが、古い段階では城主の居住空間であり、負け戦の際には城主が最後にそこで腹を切るという城の最も重要な部分です。この「御本丸」は従来、職隆と考えられていましたが、先ほど見た史料③の「御上様」や④の「上様」が明らかに官兵衛夫人を指していること、史料③④の忠節の対象は職隆ではなく官兵衛夫人であること、③④では「濃州様」と肩書きで呼ばれている職隆を「御本丸」と呼ぶのは違和感があること、職隆がすでに隠居の身で本丸を官兵衛に明け渡していたこと、この四つの点から、①②の「御本丸」も、③④の「上様」と同様に職隆ではなく官兵衛夫人と考えるのが妥当ということになります。

当時、家の存続の観点からみて、当主の妻には隠居よりも重要な側面がありました。史料③④で職隆の命令に従うと誓約されたように隠居（前当主）に影響力がなかったわけではありませんが、誰を中心にして家を存続させるかという観点からみた時には隠居よりも妻の役割が大きかったようです。寡婦相続ということばがあります。夫に先立たれた未亡人が亡父の弟や一族を新たに夫に迎え家を継承していく方法です。あるいは幼少の息子に代わり成人するまで当主の代行を行うという事例もあります。また、隠居が表に出過ぎると、当主の下で働くグループとは別に新たなグループを形成し、家を分裂させる危険性もあるわけです。

もう一つ①②の起請文から読み取りたいところは、結果としては黒田家の家臣団は織田方として一致団結したわけですが、官兵衛が幽閉された直後において、当事者たちは黒田家中が一枚岩であるとは必ずしも認識していなかったということです。それが史料①②の一条目からうかがえます。「此の衆」というのは起請文に連署した人たちで、城内の家臣全体の一部です。「当城誰々」というのは城内の他の人たちということで、「此の衆」と対比しています。「当城誰々」は裏切って敵方につくかもしれない、ということを想定して、「此の衆」だけは官兵衛夫人への忠節を貫くのだとして起請文を交わしているのです。

①〜④の起請文に名を連ねたのは計四三名ですが、黒田家が当時どれぐらいの軍勢を抱えていたのかはよく分りません。手負注文《ておいちゅうもん》という、合戦で自分の家臣が何人戦死した、何人負傷したといったことを報告する文書がありますが、それから類推すると、郡規模の国人領主でせいぜい四〇〇人から五〇〇人ぐらいではなかったかと思われます。黒田家は小寺家の家臣でありましたので、抱える軍勢はこれより少ないとみられます。少なく見積もれば二〇〇人程度でしょうか。そうすると四三名は全体の二〜三割、仮に五〇〇人規模であった場合で一割弱が忠誠を誓ったに過ぎないということになります。家臣たちが召し抱える従者や小者たち（黒田家にとっては陪臣）がいますので、残りすべてではありませんが、去就の定まらないグループが大勢いたわけです。

■血判が押された起請文

最後に史料④を見ますと、図版2を見みますと、署名の下に花押が据えられていますが、それぞれ花押のなかにちょっと茶色いシミがあります。たとえば差出人の後ろから三人目、これは花押ではなくて略押という、ただ○だけを書いた略式の花押ですが、丸の中に茶色のシミが見

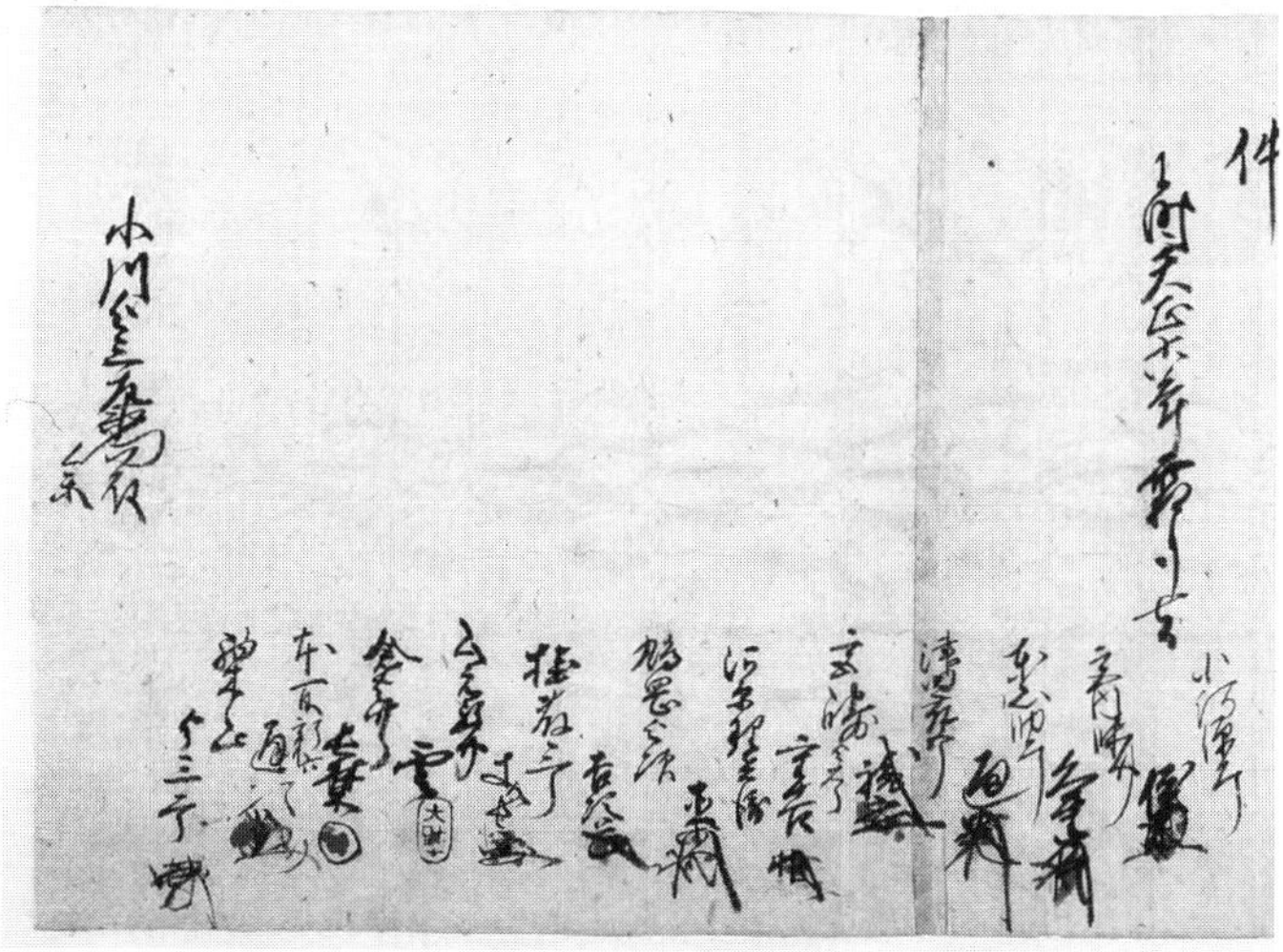

図版２　史料④小河俊等一二名血判連署起請文（部分）（福岡市博物館所蔵）

えます。これが血判です。史料①②③の起請文は、ただサインをするだけだったのに対し、史料④だけは血判が押されています。おそらく宛名の小川与三左衛門尉の眼前で押したのではないかと推測されます。なぜそういうことをしたかということが問題になるわけですが、そのことを念頭に置いて中身を読んでいきましょう。

三条目では、黒田家の馬廻衆同然にがんばります、つきましては何事もお命じ下さい、とあります。この起請文の宛名は官兵衛夫人ではなく、小川与三左衛門尉となっています。彼は史料①②に署名した人物です。おそらくこの時の黒田家中の中心人物、すなわち黒田家の老《おとな》ではなかったかと思われます。しかも、宛名は小川与三左衛門尉でありながら、忠節は彼に向けられたのではなく、一条目で「上様次第」と明記しているように、官兵衛夫人に対して忠節を誓っているのです。

但し書きには史料①〜③にはないことが誓約されています。署判者のうち、曲事を構える者があったならば、「此の衆」自らの手で成敗を加えることを誓っています。すなわち史料④の署判者の中で誰か裏切るかもしれない、そういったことを想定して、その時は自分たちで始末しますと言っているのです。それに対して史料①〜③は、起請文に連署した以外の人たちは寝返るかもしれないけれども、この起請文に連署した我々は一致団結するのだという内容で、その点が大きく違います。

このようなことから勘案しますと、史料④に連署した人たちは黒田家の直臣ではなくて、姫路城を預かる黒田家に対し、加勢として小寺政職が派遣した人々と考えられます。小寺家の直臣ということでは、官兵衛と同格であり、黒田家にとっては客分という存在です。このような人々を当時の表現で与力といいます。それで三条目で「黒田家の馬廻衆と同じ働きをします」とことさらに強調するわけです。与力は戦国時代によく見られる軍団編成で、寄親―寄子制といいます。たくさんの家臣を抱えていれば、単独で一つの軍団を構成することができますが、わずかな従者しかいない場合は、小集団を寄せ集めて軍団を大きくするという軍事編成を行いました。黒田家の直臣ではないので、真っ先に寝返るのではないかと疑惑を抱かれるグループです。そのため黒田家中の疑念を払拭するために自らの血をもって身の潔白を証明しようとしたのでしょう。

官兵衛が幽閉された直後、秀吉でさえ官兵衛の裏切りを疑っている段階で、黒田家中では官兵衛と松寿丸を助けるために織田方の立場を貫くということで去就を明確にし、一致団結を図りました。それは決して黒田家家中の全部ではなく、起請文に名を連ねた人数で考えると、おそらく一割ぐらい、多くても二〜三割ではなかったかとみられます。そうして一年間、なんとか御家存亡の危機を乗り切って見事官兵衛を救出するわけです。

■官兵衛の救出

官兵衛が救出された時期は『黒田家譜』など後に編纂されたものには十月と書かれていますが、実際は少し遅いようです。天正七年（一五七九）十月二十八日付けの小寺休夢に宛てた秀吉の直筆の手紙（『豊太閤真蹟集』四号）があります。その手紙で秀吉は休夢にこんなことを言っています。「伊丹の事は、五三日の間と見え申し候」、有岡城は半月のうちに落城するだろう、と予測しています。ということは十月二十八日の段階ではまだ落城しておらず、落城の時期は十一月初頭ということになります。

また、この手紙では「『御着の人質、城の内にても果て申し候間、我等請け取り申すべし』

と申し上げ候へば、『我等にわたし候へ』と御申しなされ候。又、『官兵儀も、我等次第』と御申し候間、御心安く候べく候」とあります。これは信長の嫡男信忠と秀吉の遣り取りを伝えたものです。秀吉が城内にいる人質の差配を自ら務めることを信忠に申請したところ、信忠はそれを認め、官兵衛についても秀吉の意に任せることを命じたと伝えています。

そしてこの後すぐ、十一月の初頭に官兵衛は無事救出されました。秀吉がいつの時点で官兵衛が生きていると知ったかはおいておきまして、この手紙によると、秀吉は最終段階では官兵衛がまだ生存し、かつ、裏切っていなかったことを把握しています。これがいつの段階であったのか知りたいところですが、今のところはまだそこまで至っていません。

そして死んだと思われていた松寿丸（長政）も竹中半兵衛にかくまわれ無事生きていて、黒田家にとってはこれ以上ない最良の結末を迎えるのです。これだけでも十分にドラマチックですが、さらにドラマ性を倍増させるのは、長政の恩人である半兵衛は、官兵衛が救出される半年前に結核を患って病死していたのです。そういったことも官兵衛は救出後に知るわけです。まさに事実は小説より奇なり、といった観があります。

■おわりに

この後、官兵衛は小寺から黒田に姓を戻します。その初見は解放されて八カ月ぐらい経った頃、（天正八年・一五八〇）七月二十四日付けの秀吉からの手紙（『黒田家文書』第一巻一二四号）で、宛名が小寺官兵衛ではなく黒田官兵衛になっています。幽閉により満身創痍で足も悪くなったということで、有馬温泉へ湯治に行ったという逸話がありますが、リハビリをして、ふたたび活動を再開するのがこの頃ということでしょう。

簡単にまとめますと、天正六年の有岡城幽閉は、官兵衛がそれまで生きてきた人生のなかで最大の危機でした。黒田家にとっても存亡の危機であったのです。この最大の危機を切り抜けたことで、秀吉を天下人の地位に押し上げるという活躍の大舞台が待っていたのです。中国攻め、とくに本能寺の変直後の中国大返しを実現することで、信長没後の天下取りに最高のスタートを切ることができました。秀吉はわずか三年で一気に天下人の地位に上り詰めます。その後も官兵衛は九州平定、小田原攻めと、秀吉の全国統一に大きく貢献していきました。

なお、有岡城での幽閉は官兵衛の人生前半の最大のハイライトでしたが、もう一度、官兵衛が死を覚悟した場面がありました。朝鮮出兵の最中、文禄二年（一五九三）に秀吉から勘気をこうむってあやうく切腹させられそうになりました。官兵衛はこの時、事実上の遺言状を長政に書き与え出家しました。当時長政にはまだ世継ぎの男子がいませんでした。それで、跡継ぎをどうするとか、家臣団の扱いをどうするとか、シメオンという洗礼名を持っている官兵衛ですが、神様に祈ることは無用だ、上様《うえさま》（秀吉）を第一に思っておけ、これが家を存続する秘訣だという遺言を、料紙を三枚も貼り継いで長々と書いています。慶長九年（一六〇四）に没する官兵衛は辞世の句「おもひおく　言の葉なくて　つひに行く　道はまよはじ　なるにまかせて」を残しています。「思い残すことはない」という達観した境地を詠んでいますが、秀吉の勘気を受けた時は「道はまよはじ　なるにまかせて」などという心況ではなかったようです。

【史料】（原史料漢文、読下し文に改めた。本文のみ掲載、日付・差出書・宛所は省略）

史料①　黒田氏家臣一二名連署起請文（『黒田家文書』第一巻第一八八号）

起請文事

一、今度、官兵不慮に上辺御逗留、各難儀是に過ぎず候。然る時は、当城誰々御無覚悟候とも、此の衆の儀は、無二に御本丸馳走申すべく候。若し此の旨、偽り申すにおいては、大日本国中大小神祇、八幡大菩薩・愛宕山、殊には氏神の御罰を罷り蒙むるべき者なり。仍って起請文件の如し。

史料②　黒田氏家臣二三名連署起請文（同一八九号）

起請文の事

一、今度、官兵不慮に上辺御逗留、各難儀是に過ぎず候。然る時は、当城誰々御無覚悟御座候とも、此の衆の儀は、御本丸無二に馳走申すべく候。若し此の旨、偽り申すにおいては、

大日本国中大小神祇、八幡大菩薩・愛宕山、殊に氏神の御罰を罷り蒙るべき者なり。

仍って起請文件の如し。

史料③　黒田氏家臣七名連署起請文（同一九〇号）

天罰起請文事

一、今度、孝隆様摂州遺恨あるに依り、有岡に御逗留成され候。然る処、此の面々ども、矢十方を以て如何様の儀ありと雖も、松寿殿様長浜に御座候上は、疎略に存ぜず、勿論御奉公仕るべき事。

一、唯今の所、松寿様御若年の事に候間、濃州様・休夢様・兵庫殿万事御心中次第に仕るべき事。

一、我等式と申し乍ら、御城気遣い用心の儀、疎意あるべからず候事。

右旨、背くにおいては、　大日本国中大小神祇、八幡大菩薩・春日大明神・愛宕山大地蔵権現、別しては氏神の御罰を罷り蒙るべき者なり。仍って起請の状件の如し。

史料④　小河俊等一二名血判連署起請文（同一九一号）

条々

一、何と成るとも、上様次第に候。

一、小美様・休夢様御意に背く間敷く候。

一、馬の衆同前に相定め候。　付いては何事も仰せ付けらるべく候。

若し、此の内曲事候わば、此の衆より堅く成敗を加うべく候。

右、条々相違においては、愛宕山・八幡大菩薩・摩利支尊天・春日大明神、其の外、日本国中大小神祇、別して氏神の御罰を蒙り、永く弓矢の道を捨つべく候。仍って状件の如し。

池田氏一門の御家騒動

伊藤康晴

■はじめに　～御家騒動と毒饅頭～

本稿のテーマである「御家騒動」とは、かつては江戸時代の大名家に生じた権力争い・主導権争いなどの内紛を言いました。歌舞伎の世界において「お家物」と称され、民衆の興味・関心と合致して根強い人気を維持しました。歌舞伎に取り上げられた著名な題材として伊達騒動、加賀騒動、黒田騒動が俗に三大御家騒動と称され人気を博したといいます（百瀬明治『御家騒動』）。

江戸時代史研究の大家、北島正元氏は「江戸時代の民衆が御家騒動に示した関心の強さは、赤穂浪士の討入りにも劣らないものがあった」とし、「その関心には、うかがい知られぬ雲の上の支配者の、家庭の事情にたいするのぞき趣味の傾向もあったが、何よりも自分たちを支配する権力者内部の紛争と混乱を痛快がる心理がそこにははたらいていた」と評しています（北島正元編『御家騒動』）。家中に騒動の噂あれば、常に民衆の好奇の目が向けられたのです。

一方、現代においても権力や名誉・格式のあるところ、とくに芸能や政治の世界の内紛に対して「御家騒動」の文字があてられることがあります。江戸時代のそれを比喩的に使うわけですが、マスコミの大衆向けニュースに多くは見られるのであり、歌舞伎の「お家物」が一定の興行成績に寄与したごとく、ニュースの視聴率や新聞・雑誌の購買数の底上げに一役買うトピックになるのだと思います。民衆心理の根底は、北島が評した江戸期のものとまったく同じであることに気がつきます。

講談や歌舞伎の題材にはなっていませんが、池田輝政から分枝する池田氏一門にも御家騒動と呼べるような事件がいくつか存在します。ここでは一門衆に視野をひろげ、「御家騒動」という事象から当時の池田氏の家中と一門のあり方を眺めてみたいと思います。先ずは実際の騒動を見る前に、一門衆形成の核となった池田輝政とその家族が、後世どのように世俗的に認知されていたのか、世間からどう見られていたのかを確認しておきたいと思います。「毒饅頭」に関する二つの説話の意味を考えてみたいと思います。

■「毒饅頭」と池田輝政

「徳川公豊臣諸侯饗応図」という大判錦絵（月岡芳年作）があります。明治時代に入ってから出版されたものですが、描く内容はその題名が示すように、徳川家康が豊臣恩顧の諸大名をもてなす様子を錦絵にしたものです。描かれている人物は、図の左から御簾の中に徳川内府公（徳川家康）、饗応をうける加藤清正、やや奥に浅野幸長、膝に両手をつき清正を凝視する福島正則、清正と向き合う池田輝政、うつむく片桐且元、身を乗り出す板倉勝重（四郎左衛門）、背後から状況を見守るのは黒田長政です。「豊臣諸侯饗応」といっても饗応の受け手は清

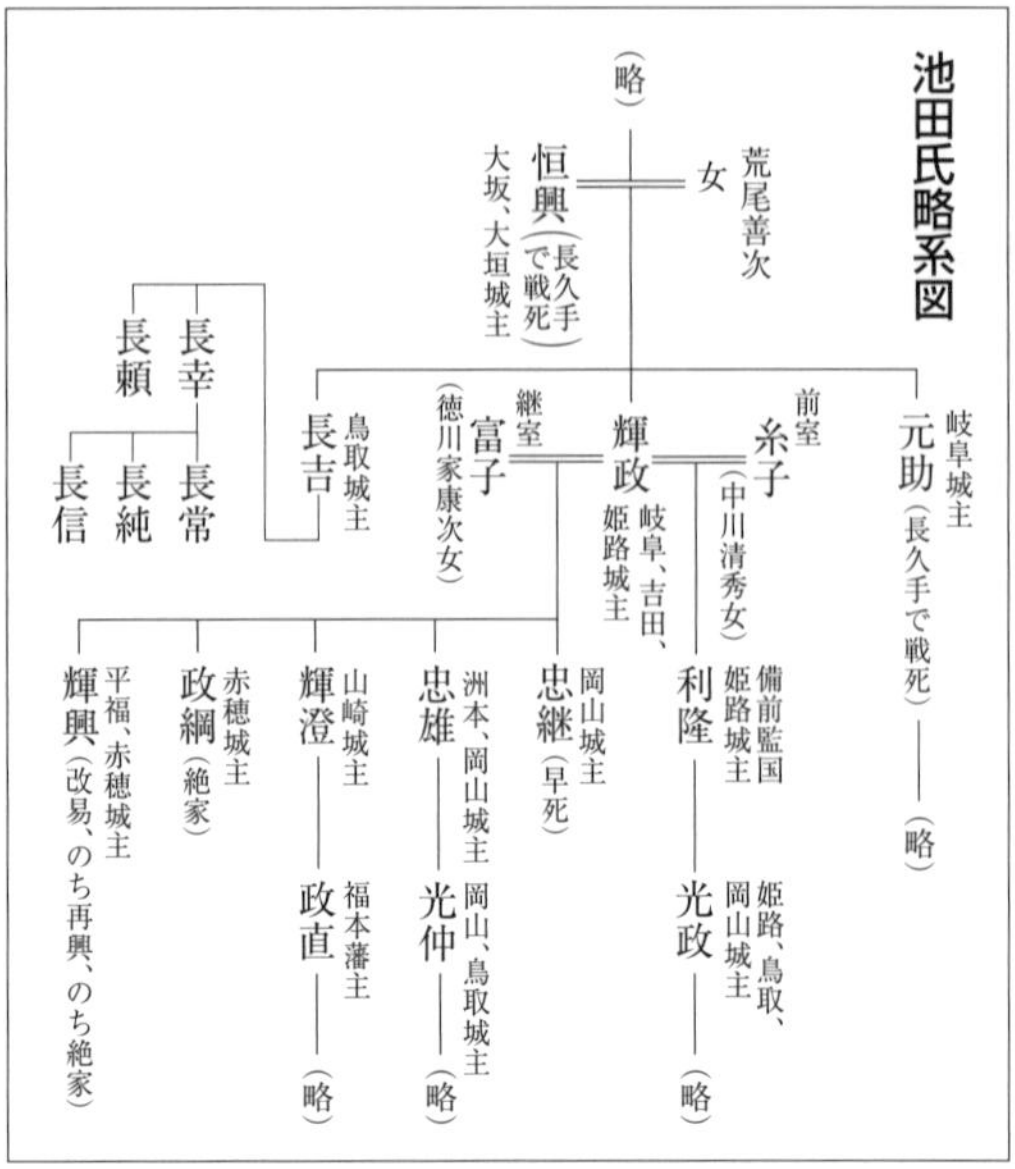

正一人であり、家康の手先として清正に相対しているのが池田輝政という設定です。両者の間には饅頭らしきものが置かれています。緊張感が伝わってくる内容です。豊臣秀吉と同郷で子飼いの家臣と言われる清正に対して、娘婿である池田輝政を差し向け、まさに毒饅頭を食べさせようとしている場面なのです。徳川家康は茶坊主らと御簾の中からこれをうかがっています。清正はとても険しい表情であり、輝政は自信に満ちた表情に見えます。「豊臣諸侯」とあるように、池田輝政も秀吉存命中は家臣であり、関ヶ原の戦いの最中も羽柴姓を名乗っていましたが、その後大名として、娘婿として確かな地位を築いていました。

慶長十六年（一六一一）三月、加藤清正は豊臣秀頼を説得し、京都二条城で徳川家康と会見させました。二条城から熊本に帰国した清正は、わずか三か月後に没したことから、二条城で食べたとされた毒饅頭が原因とささやかれたのです。錦絵の右上の説明には「慶長十六年徳川公、板倉ニ命じ毒饅頭の計略をなす。清正是《これ》を食すと雖も尚《なお》本国へ帰り長く天守に篭り卒去なし給ふと云」とあります。このあらすじに従えば、毒殺を命じた黒幕が家康。準備をしたのが板倉。実際に毒を食わせたのが図像から輝政となります。輝政の立場をよく表現した本図には、江戸時代以来の巷間の説話が反映されているのだと思います。錦絵に表現された「毒饅頭の計略」は、関ヶ原の戦いにより徳川政権が樹立されてから、豊臣氏が滅びる大坂の陣の間の冷戦を可視的に表現したものとも言えます。豊臣氏から徳川氏へ実権が移る中、かつては秀吉家臣であった武将たちの描写に家康との距離感をはかることができそうです。世評をうかがう興味深い資料です（鳥取市歴史博物館『館蔵品展Ⅱ』）。

■「毒饅頭事件」の背景と徳川の血脈

清正が卒去した翌年の慶長十七年（一六一二）、池田輝政は容態を悪化させ、二代将軍徳川秀忠は度々見舞い状を送っています。輝政はこの年、参議に任じられ松平の姓を与えられます。輝政には先妻糸姫との間に長男利隆がありますが、のちに離縁して家康の娘督姫（富子・良正院）を継室に迎えます。将軍秀忠は督姫の弟になります。のちに督姫との間には忠継を始め五人の男子が生まれています（「池田氏略系図」参照）。

播磨一国五十二万石を領した池田輝政は、翌慶長十八年に死去しますが、長男利隆の相続は播磨国三郡を欠く約四十二万石にとどまります。一方の次男忠継は既に備前国を領していましたが、播磨三郡が加増され、約三十八万石を領してその所領を拡大しています。家康・秀忠の意志が背後にあるとみられます。

忠継に対する家康の可愛がりようは、記録からも確認することができます。鳥取市歴史博物館には慶長十九年、大坂冬の陣において十六歳で初陣した池田忠継の戦功をたたえる徳川家康の感状があります（鳥取市歴史博物館『館蔵品展Ⅱ』）。十一月七日の大和田・中の島の戦功に対するものです。冬の陣において諸大名・家臣に宛てられた感状の多くは十二月二十四日付であり、黒印の感状も例がないといわれています。江戸幕府編纂の史書『徳川実記』の同日付の記録には以下のようにあります。

【資料一】（『徳川実記』十一月七日）

二条城には松平左衛門督忠継使を参らせ。今朝辰刻大和田川を越て中島を乗取。敵兵を追撃せし旨を注進す。大御所様大に御感ありて。御祝着の旨御黒印の御内書を給ふ。

大御所家康は手放しで孫の活躍を喜んだのではないでしょうか。一刻も早く孫のもとに感状を届けたかったに違いありません。感状は折りたたまれた書状（折紙）なのですが、日付の下に押印された黒印は、墨が乾かないうちに折りたたまれことから反対側に墨が写ってしまっているのです。将軍が発給した印判状はこれまでもいくつか見てますが、こうした例は余りありません。戦功当日の日付から判断して、家康は忠継の活躍を注進した使いにその場で感状を用意したものと思われます。なお当文書は近年鳥取池田家の末裔、十六代池田百合子氏から歴史博物館に寄贈されたものです。いわゆる藩政資料とは別に管理されて家に代々伝来した文書です。家の由緒を語る重要文書として最後まで手元に残された一通です。

■度重なる一族の不幸

忠継初陣の活躍を富子（督姫）は、家康以上に喜んだかも知れません。富子は夫輝政の死去後、落飾して良正院を号していましたが、忠継の活躍から三か月後の元和元年（一六一五）二月五日に死去しています。さらに同月二十三日には、十七歳の忠継が備前岡山において没しているのです。忠継の領地は子がなかったことから、備前国は三男の忠雄《ただお》に、播磨の宍粟・赤穂・佐用の三郡は、それぞれ四男輝澄・五男政綱・六男輝興に分与されています。忠継が不幸にして早世したことで輝政と督姫の間に生まれた子供たちは優遇され、みな大名になっています。分与に際しては三男忠雄が幕府に対して「（弟たちに）わかちあたへむ事を請により、そまむねにまかせられ」た（『寛政重修諸家譜』）とありますが、実際には将軍秀忠が池田氏一門の惣領である利隆に対して指示したことであり、利隆も満足である旨を家臣に伝えています（播磨学研究所編『池田家三代の系譜』）。

不幸は続きます。父輝政亡き後、一門をけん引してきた利隆も病魔に侵されます。京都の医師牧野伝蔵にみせるため、暇をもらって家中は最大限に対処しましたが、元和二年六月十三日に願い叶わず死去するのです。一門は僅か一年四カ月余りの間に姫路城主利隆、岡山城主忠継の二人が没し、家康の娘という特別な位置にある母良正院がこの世を去るのです。利隆にとって良正院は継母であり、一方の忠継は家康や良正院から溺愛される立場にあることから、輝政の遺領を相続する利隆を妬んだ継母が仕組んだとされたのが「毒饅頭事件」なのです。

毒饅頭事件は利隆毒殺を見抜いた忠継がまず食べ、事の次第を察した利隆が残り半分を食べた。良正院は事が露見して毒饅頭をたくさん食べた結果最初に死去するというあらすじです。跡部信氏によれば江戸時代の諸書に載る当説話は、実話であることを前提にして、礼節ある忠継の振る舞いを賞する語り口のものが多いと言います（「池田利隆と大坂の陣」『池田家三代の系譜』所収）。説話の分析は難しいですが、毒の使い手として噂された徳川家康との血縁的な関係、利隆流と忠継流の微妙な関係が相まってこの説話は成立しているのだと考えられます。

■督姫が伊勢大神宮に祈願

屈指の大名に登りつめた池田輝政は、しばしば伊勢神宮を信仰しました。輝政家中のその信仰の橋渡しをつとめたのが伊勢内宮の御師《おんし》白鬚大夫です。白鬚氏は毎年播磨国を廻檀して御札を配りました。白鬚家文書によれば、先祖は徳川家康の家臣乾氏（のち鳥取藩家老）に仕え、その後督姫（良正院）に仕えたとされています。督姫の母、西郡の局は乾家の出です。督姫は初め小田原の北条氏直に嫁していますが、天正十八年（一五九〇）に秀吉に攻略されます。その時に督姫を家康の元へ連れ戻したのが白鬚氏の先祖（嶋倉氏）と伝えています。督姫が池田輝政の継室になってからは輝政家中の御師となり白鬚を名乗ったと「由緒書」にあります（『姫路城主「名家のルーツ」を探る』播磨学研究所編）。

白鬚氏との距離は輝政よりも督姫の方が近く、伊勢に対する信仰も輝政を凌ぐものであったかも知れません。白鬚家文書には督姫（良正院）が白鬚氏に祈念（祈祷）を依頼した文書、つまり伊勢神宮に祈念した文書の写しが残されているので紹介しておきます。端書には「良正院様より御祈祷被為　仰付候御願書之写」とあり、慶長十七年（一六一二）のものです。

【資料二】　鳥取市歴史博物館所蔵

一、良正院様より御祈祷被為　仰付候御願書之写

御きねんの御書たて

大御所様（徳川家康）

将くん殿（徳川秀忠）

三左衛門殿（池田輝政）

上　殿（池田利隆）　是ハうけ

御姫殿　是ハうけ

左衛門督殿（池田忠継）

宮内殿（池田忠雄）

松千代殿（池田輝澄）　是はうけ

いわまつ殿（池田政綱）　同

御ふり殿

小七郎殿（池田輝興）

此書たてのふん、よく〱

御きねんと申候ハヽ、
上殿うけ七年の中、何事も思召候
御ましの御きねんよく々々ニ申候
ハヽ、後の十月廿二日と
霜月の五日ニよく〳〵御きねん
御申上候、暮ニ五拾俵まいらせ候様申候
上殿とら（寅）・う（卯）のとしハ
いつも御たヽりなされ申し候まヽ
よく〳〵御きねん御申し候かし
めてたくかしく
慶長拾七年
十月七日

右之外従　良正院様御祈祷被為　仰付候御書付并帷子被下置候、御目録等も所持仕候

良正院本人の名前は文書にありません。「書たて」にある父徳川家康・弟秀忠・夫輝政・利隆・利隆夫人（鶴子）・忠継・忠雄・輝澄・政綱・振姫（のち伊達忠宗夫人）・輝興の十一名の

安寧の祈念（祈祷）を良正院が願い出ています。詳しい祈念の内容は当文書のみではわかりませんが、良正院が家康・秀忠を別格にしつつも、家族を隔てなく祈念の対象として「書たて」ていることがわかります。むしろ当文書では「毒饅頭事件」とは逆に、利隆について「よく〳〵御きねん」を依頼し、文章の末尾にも「上殿（利隆）、寅・卯の年はいつも御祟りなされ申し候まま、よく〳〵御祈念御申し候かし」と、利隆の身を案じています。血はつながっていなくとも一門の母としての願いであることは一目瞭然です。

慶長十七年は正月に夫輝政が卒中を発します。一時は重篤だったことがうかがえますが、六月下旬頃には回復したらしく、八月二十三日には参府して秀忠に拝謁しています。帰路には駿河に滞在して九月三日・十五日に家康に拝謁していますので、姫路城に戻ったのは九月末から十月初旬ではないかと思います。「十月七日」の良正院の祈念は、夫輝政が姫路に帰還して程なくのことと推測されます。末尾の白鬚氏の書付には、内容は不明ながら良正院は別に「祈祷」を立てていることがわかりますので、夫の病気平癒を含めての依頼だったことが推察されます。母として、妻として大神宮を信仰する姿に良正院の人柄がうかがえるのではないでしょうか。

■池田長常家中の御家騒動

関ヶ原の戦い後、因幡国鳥取城主になったのは池田長吉という人物です。池田恒興の三男、輝政の弟にあたります。慶長十九年（一六一四）に長吉が死去すると嫡男長幸が家督を継承しますが、元和三年（一六一七）三月に因幡・伯耆の領主として一門の池田光政が入封すると、長幸は備中国において六万五千石を与えられ、一年間は笠岡古城山（岡山県笠岡市）に城を構え、その後備中松山城主（岡山県高梁市）になっています（岸加四郎『鶴遺老』ほか）。

騒動は長幸の跡目をめぐるものです。長幸は寛永九年（一六三二）四月七日に没しています。五男四女、九人の子がありましたが、争いはその三日前、四月四日に嫡男長常と次男長純の家督のあり方について親族会議に始まり、その後騒動に発展しています。以下は『徳川実紀』により、池田長常家中の騒動の顚末をたどります（四月六日の項）。

池田備中守長幸が大病にかかってしまったことから、親族は会合して襲封について話し合うことになりましたが、兼ねてから長幸は長男の長常と不和の関係でした。そこで一族とはかり、知行地の過半を次男長純（のち長教）に与えることに決したところ、長幸の弟長頼はこれをよしとせず、長常に遺領をすべて相続させるべきであるとして、長純への遺領分与に反対しました。すると親族は長頼を省いて会議に入れず、長純に過半の遺領相続を幕府に願い出ることにしたのです。事を聞きつけた長頼は激怒してその座に駆け付け、まず長純に切ってかかりました。長純はなんとか逃げ出しましたが、これに長純の舅である脇坂安信が出合って疵を受け、その座にいた脇坂安経は切り殺されてしまいました。安信・安経は兄弟ですが、父は賤ヶ岳の七本槍の一人として著名な脇坂安治（大洲藩主・愛媛県大洲市）です。安信・安経の兄は信濃飯田藩初代藩主の脇坂安元で、安経はその養子になっていて、のちに信州飯田藩主（長野県飯田市）をつぐ立場にありました。同家は寛文十二年（一六七二）に転封となり竜野藩主（兵庫県竜野市）になる家筋です。

その後、長頼は長常の屋敷に引きこもりましたが、一族の従者は玄関より踏み込もうと大騒ぎになりました。これを聞き付けた縁者の堀直寄（越後村上藩主）は、三百人の従者に棒を持たせて駆け付け、双方を鎮めたといいます。結局この騒動は幕府の上裁を仰ぐに至っています。幕府は長頼の申し分も一理ありとしつつも、衆人を傷つけ、脇坂安経を殺害した罪で長頼に切腹を申し付けています。長頼には権平（長忠）という子がいましたが、その跡継ぎは無く家は絶えています。次男長純の子は長廣と称し、信州飯田から転封した播磨竜野藩脇坂家の家臣になっています。

このような騒動を経て同年八月二十六日、幕府は嫡男長常に遺領六万五千石の家督相続を認めますが、長常は寛永十八年九月に嗣子無く没して絶家となるのです。残された二人の弟、長教（長純）・長信は、池田氏一門の鳥取藩主池田光仲に預けられたようです。また一門の惣領である岡山藩主池田光政は、長常の弟長信を「次手」とするよう、幕閣の土井利勝を窓口に老中筋へ申し入れ、一年余りを経た同十九年十二月、長信は備中井原（岡山県井原市）に陣屋を置く千石の旗本として再興しています。井原旗本池田家は、明暦二年（一六五六）に長信の嫡男友政に受け継がれますが、その際に友政の弟利重（小左衛門）に三〇〇石が分知され、両家とも明治維新まで存続しています（『館蔵品展Ⅱ』「備中国後月旗本池田家資料」）。

血縁の近い親族間の跡目争いが御家騒動に発展し、血縁のやや遠い一門衆本家筋の後見で騒動事後の処置がなされ、御家の再興・存続が図られているのがわかると思います。

■伊賀越えの仇討と池田忠雄

備中松山藩主池田長幸の死去した四日前には、一門の岡山藩主池田忠雄が三十一歳で没しています。嫡男の光仲は数えで三歳の幼少であり、「其子勝五郎（光仲）幼少なり、備前は手先の国なれは幼少にては叶へからす」（『池田家履歴略記』）という理由で備前・備中から因幡・伯耆に国替になったといいます。逆に鳥取藩主だった従兄の池田光政は岡山藩主になるわけです。大名家にとって当主の死というものが御家の行く末に大きな影響を与えたことがうかがえます。

池田光仲は寛永七年（一六三〇）六月十八日に江戸で生まれています。父忠雄はすでに岡山城に帰国していました。光仲誕生の翌月七月二十一日に忠雄の末弟で当時播磨国赤穂藩主だった池田輝興が忠雄を訪ねてきます。周知のように赤穂と岡山は比較的近い距離です。二人はまだ若く、当時の忠雄は二十八、輝興は十九歳。輝興の訪問は、甥の光仲誕生を祝うものであったに相違ありません。その日の晩、兄忠雄は別荘の花畑に輝興を招き、町躍りを興じてもてなしたと言われています（「因府年表」）。町躍りは盂蘭盆時期のいわゆる盆踊りと思われ、若殿光仲の誕生とあいまって岡山城下は祝祭の雰囲気に包まれていたのかも知れません。

そんな中、大事件のきっかけとなる刃傷事件が起こります。のちに講談や歌舞伎などで人気を博す「伊賀越えの仇討」です。この事件については、様々な記録や書き物が後世に伝わっていますが、ここでは鳥取藩士で考証学者として知られる岡島正義の著作「因府年表」（『鳥取県史』7）という記録からあらすじを追いたいと思います。

事件は同日二十一日に起きています。岡山城下、現在の内山下一丁目にあった岡山藩士渡辺数馬屋敷に同藩士河合半左衛門の倅又五郎が忍び込み、渡辺数馬の弟源太夫を切り殺すという事件です。この時、兄数馬は舅の津田豊後の屋敷にいて不在でした。事の次第を聞いた数馬は急いで河合半左衛門屋敷に赴きましたが門は堅く閉ざされており、中に入ることはできませんでした。ただ又五郎は在宿していないとのことでした。又五郎はすでに岡山表を逐電（行方知れず）していたようです。

単なる私闘が複雑化したのは、又五郎が江戸に走り、旗本安藤治右衛門屋敷に身を寄せ匿われたことにあります。池田忠雄は父河合半左衛門を拘束し、安藤氏に対しては、強いて又五郎をかばい差し出さないのであれば、半左衛門を身代わりとして厳科に処すと伝えました。安藤氏の返答は、半左衛門さえ返してくれれば、又五郎は異議なく引き渡すというものでした。神文まで提出して誓約したので、忠雄も一段落と思い半左衛門を返したところ、半左衛門は遠方まで逃げ去り、又五郎も引き渡しませんでした。忠雄は激怒し、騒ぎは大きくなって「御当家と御旗本中と、執焔熾に相成、今にも如何なる珍事ができんと街談巷議区にして、府下の人情騒々然として不隠しかば」という情勢で、御三家の人々も悩ますほどの事態になったと言います。結局幕府が間に入り、安藤氏ほか加担した旗本を寺入り（蟄居）、又五郎の江戸追放、父半左衛門は一門の備中松山藩主池田長常に御預け（のち阿波蜂須賀家）とすることで当面の処置とされたのです。忠雄はこの幕府の妥協案になかなか従わなかったとあります。

その渦中にあって忠雄が死去します。又五郎の討留を遺言したことはよく知られていますが、『徳川実紀』の伝えるところによると「没にのぞみ子弟并に家司どもをよびて、我家士河合又五郎が事により、上裁を請こと年へて裁断なし、かまへて我死後にも此ことといくたびもうたへて、我所存を遂しめよと遺命せしとぞ」とあります。まさに上意討ちの様相を呈したのです。

忠雄のすぐ下の弟、輝澄はいったん沙汰止みになっていた一連の「公事」つまり河合又五郎らの穿鑿を引き受け、再開したと言います。旗本衆に使いや書状を送り、一方では老中筋、酒井讃岐守に粘り強く交渉したことを伝えています（『粟賀御家譜』）。

渡辺源太夫の兄、数馬は鳥取藩を出奔して大和郡山藩に仕えた義兄の荒木又右衛門の協力を得て「仇討」の旅に出るわけです。有名な伊賀上野鍵屋の辻で本懐を遂げたのは四年余りの歳月を経た寛永十一年十一月七日の早朝でした。渡辺数馬、荒木又右衛門、又右衛門の家臣岩本孫右衛門、岡本武右衛門の四名は安濃津藩（支封伊賀上野藩）藤堂家に御預けとなり、同夜に死去した武右衛門を除く三名は、約四年間伊賀に滞在しました。その後は鳥取に引き取られることになり、寛永十五年八月七日に伊賀上野を出発して伏見の鳥取藩邸に引き渡されています。伏見からは六十艘もの川船に分乗して淀川を下り、海路は一門の岡山藩主池田光政、赤穂藩主池田輝興の大小海船三十艘で播州に上陸します。ここからは陸路で智頭街道（因幡街道）を通行して鳥取城下に入っています。

これほどの体制で渡辺・荒木らを迎え入れているのはなぜでしょうか。もちろん警戒態勢をしいて両者を移送しているわけですが、池田忠雄の上意による仇討であったことを象徴するものではなかったかと思うのです。大名池田氏一門のプライドを内外に誇示するものであったと考えられるわけです。一行は八月十三日に鳥取に到着したようですが、荒木又右衛門は僅か二

鳥取市玄忠寺にある荒木又右衛門の墓

渡辺数馬の子孫が奉納した判物箱（釧路市鳥取神社蔵）

週間後の八月二十八日、病により没しています。墓は鳥取市新品治町の玄忠寺にあります。同寺院には又右衛門の遺品を展示した「荒木又右衛門遺品館」があります。

■池田輝澄家中の御家騒動

池田輝政の四男池田輝澄は、元和元年（一六一五）二月に次男池田忠継の死去に伴う遺領分配により、同年六月播磨国宍粟郡三万八千石を領有する山崎城主になっています。さらに弟の五男政綱が寛永八年（一六三一）八月に嗣なく没して家が断絶すると政綱の佐用郡三万石が輝澄に加増され、合わせて六万八千石の大名になったのです。家康外孫として優遇されたといえるでしょう。ところが皮肉なことに、領地加増による新たな家臣の登用や加禄が、家臣団の間にさまざまな軋轢を生み、派閥が鮮明化する事態となり、御家騒動に発展するのです。

騒動の経緯を『池田家履歴略記』にしたがえば、事の発端は寛永十六年（一六三九）七月初旬、宍粟藩の家臣間において、些細な金銭の貸借が問題となり、家中を二分する派閥争いが起こります。その背景には、古参家老・新参家老の明確な対立構造があります。その後、古参派の家老である伊木伊織と、それに組する古参派物頭など十一名とその家族百余名が出奔し、終に上聞に達するのです。輝澄の家中は、寛永一六年以前よりもめ事が絶えなかったようですが、この年ついに収拾がつかない事態になってしまったのです。折しも藩主輝澄は体調がすぐれず、寛永十年以来江戸住まいを続けていたともいわれています（『鹿野町誌』上巻）。

寛永十七年七月、江戸評定所において伊木ほか十一名の穿鑿が行われました。一方輝澄の寵臣で偽書をめぐらし家中を扇動したとされる菅友伯と、菅の推挙によって新参家老に取り立てられた小川四郎右衛門も召し出されて審議されています。同月二十六日には幕府の評定が一決し、菅友伯父子は断罪。伊木伊織と物頭十一名は父子とも切腹。そのほか他家への「御預」「遠島」「追放」等の処分が下されました。

また藩主輝澄に対する申し渡しは、二代福本藩主池田政武（輝澄二男）に仕えた老臣岩本意休が著した「粟賀御家譜」（「池田家輝澄之記」）によれば、次のようなものでした。

【資料三】（大雲院所蔵「粟賀御家譜」）

（家士の処分　略）

惣領虎之助病気不申上事
家中仕置悪ク騒動之事
一門之異見不聞事
右三ヶ条ニ依テ、領知宍粟郡・佐用郡ヲ被召上、同国ノ内、神東・神西之内、一万石被下松平相模守ニ御預ケ、因州ニ参テ鷹ヲ楽ミ可仕由被仰渡ニテ、一家因州へ下向、因幡ノ内鹿野ニ居住、昔亀井武蔵守殿古城ノ跡、則剃髪石入ト号ス

池田輝澄は領地召し上げのうえ、一門である鳥取藩主池田光仲預けとされました。その際に幕府は播磨国神東・神西郡の内から一万石を与えています（ほかに印南郡にも一か村あり）。これらの領知は堪忍料として一定の生活を保障するもので、賄料とも称されます。『鳥取藩史』（事変志）には、名目上輝澄の「子共（供）」に堪忍料が与えられたことを示す資料がみられます。領知は大幅に削減されましたが、輝澄一代に限る蟄居と理解されます。ここにも輝澄が家康・良正院の血縁であることへの配慮があることは間違いなさそうです。

幕府は三か条をもって輝澄家中に伝えています。中でも注目されるのは三か条目の「一門之異見不聞事」とあることです。「一門之異見」とは、岡山藩主池田光政のことを指しています。光政の異見は、「萱友伯には暇を遣わすか、あるいは光政に御預けにする。また小川四郎右衛門のように武功ある者はそのまま要職を許し、伊木伊織は今迄通り職を勤めさせれば家中は静謐になるであろう」というものです。光政は再三異見したといいますが、輝澄は受け入れませんでした。この件で輝澄と光政の関係が一時悪化したようですが、光政が詫びたことで関係は回復したとあります（「栗賀御家譜」）。幕府が「一門之異見」を聞き入れなかったことを裁定

の理由にあげている点は、裏を返せば「一門之異見」は重んじられねばならず、一門の内済を期待していたと言えるはずです。

【資料三】傍線部によれば、「因州ニ参テ鷹ヲ楽」しむように仰せ渡されたと記しています。やや作為的な表現に思われますが、蟄居生活は実際に厳しく制限されたわけではなさそうです。

姫路市立城郭研究室に所蔵される高松家文書「諸事集書」（元文元年辰十月）には以下のように見えます。

【資料四】（姫路市立城郭研究室所蔵高松家文書「諸事集書」）

寛永十七年庚辰七月廿五日

一、松平新太郎（池田光政）・松平相模守（池田光仲）殿中エ招キ松平石見守（池田輝澄）、今度家来出入有之、及家中騒動儀被遂詮議之処、石見守不覚悟千万被思召処、被遂御吟味之上ニ、石見守乱心之躰ニ相聞エ候、依之領地六万八千石被召上之、相模エ被召預ケ、然共厳ク差置候儀ハ被致用捨、万事心付差置候様、家来共エ被申付、可被差遣□并惣領能登守（池田政直）儀一所ニ国元エ可被置之旨

上意両人エ土井大炊頭申伝之、井伊掃部頭・酒井讃岐守・阿部対馬守・永井信濃守列座、石見守家来之内三・四人付可被差遣之旨、是又相模守エ同人申達也

晩年の池田輝澄の水墨画（鳥取市雲龍寺蔵）

詮議・吟味の結果、一門の池田光政・光仲は江戸城に召されて輝澄家中の取り扱い方について、「上意」として将軍家光の意向を受けています。騒動の吟味では、輝澄は「乱心の躰」であったとされ、鷹を楽しむ云々……のニュアンスはここにはありませんが、蟄居は厳しくしないように指示されていることも事実です。そのほか嫡男の政直（能登守）も光仲の国元に差置くこと、つまり因幡国気多郡鹿野（志加奴）に両親と一緒に生活すること、輝澄には三・四人の家来が従うことが指示されています。輝澄は寛文二年（一六六二）四月十八日まで余生を鹿野で送りました。

嫡男の政直は、万治元年（一六五八）三月幕府より赦免され江戸に登り、同年九月将軍家綱に拝謁しています。同三年には能登守に叙任され、輝澄が死去したおよそ五か月後の寛文二年九月、改易時に幕府から与えられた堪忍料一万石を相続しています。翌年十一月には正式に播州福本へ陣屋を定めて大名になります。一万石の所領は、寛文三年までの二十三年間、鳥取藩が飛地として支配しました。光仲家中が代官を派遣して年貢収納を行ない、輝澄家中には鳥取藩領内に一万石の所領を設定して蔵米を給与しました。政直は光仲家中に担保された堪忍料をもとに初代の福本藩主になったのです（伊東康晴「播磨国鳥取藩領及び福本藩に関する基礎的研究」『鳥取地域史研究一号』）。

■池田輝興家中の御家騒動

正保二年（一六四五）には六男の池田輝興家中にも騒動が起きます。輝興は五男政綱が死去したのち、佐用から赤穂の城主になっていましたが、正保二年三月一五日、乱心した輝興は、江戸赤穂藩屋敷において妻と侍女二名を切り殺す事件を引き起こすのです（『大名池田家のひろがり』）。妻は黒田長政の娘です。どのような背景があってこのような事態になったのかは不明ですが、事後の措置として一門の岡山藩主池田光政が迅速に対処したこと、改易された輝興家を鳥取藩主池田光仲が再興に力を尽くしたことは既に『池田家三代の系譜』拙稿「鳥取藩主池田光仲と池田家一門」（神戸新聞総合出版センター）で述べているので、ここでは割愛します。

【資料五】から騒動の要因についてうかがうことにします。

【資料五】（姫路市立城郭研究室所蔵高松家文書「諸事集書」）

正保二癸酉三月廿日、酒井讃岐守宅江池田右近太夫（輝興）招寄被仰渡条々

但シ、右近太夫父子三人、徳山五兵衛・坪田惣兵衛、讃岐守（酒井忠勝）之宅エ令同道

条々

一、右近太夫儀、年来領地仕置悪敷、百姓共ニ非分ヲ掛け、死罪、或追放・改易申付事

一、常々家中仕置振り、非分之死罪又者追放・改易申付事

一、好色、酒ニ長シ無作法至極之事

一、常々対シ本家松平相模守（池田光仲）、我意振無作法之事

右之条々領分百姓・国廻り之者共、御尋之処、兼而相模守より可及言上之処、被仰下之趣、分明之趣、御請所之重々不届ニ付、父子三人とも松平新太郎（池田光政）江被召預ケ之旨　上意、讃岐守以書付申伝候、阿部対馬守（重次）・永井信濃守（尚政）・松平伊豆守（信綱）列座、大目付石河土佐守（弥左衛門）・御目付小倉忠右衛門ニ伺書

右之通、正明禄ニ相見エ候

事件が起こった五日後の三月二十日に池田輝興本人が、家臣の徳山・坪田と共に酒井忠勝

（讃岐守）の屋敷に呼び出されていることがわかります。将軍家光はこの前日に事件を知り、「御きもつふし成され」たと言います（『池田光政日記』）。【資料五】の「条々」は、冒頭に「池田右近太夫招寄被仰渡条々」とあるように、幕府が輝興本人に対して申し渡した罪科と処分の内容です。第一条では、輝興による赤穂藩は数年来、悪政が続いていたとされ、百姓に対して非分を申しかけ、死罪や領地外への追放、家の取り潰しなどがあったといいます。第二条では家中・家臣団の侍衆に対しても同様であったと述べ、第三条では好色に耽り、酒浸りの生活が見られ不作法であったこと、第四条では「本家」の鳥取藩主池田光仲（松平相模守）に対して我儘な振る舞いがあり、不作法であったことが示されています。後段には「兼而相模守より可及言上之処、被仰下之趣、分明之趣」とあることから、叔父輝興の所業対して池田光仲が幕府に言上したことがわかります。

池田輝興肖像（岡山市少林寺蔵）

　正保二年、光仲は十六歳、輝興は三十五歳ですので、光仲自身が対処したというよりは、家老の荒尾但馬・荒尾志摩が、当時三十三歳の従兄弟池田光政（新太郎）の指示を受けながら対処したことが知られます（『池田家履歴略記』巻之六）。輝興の「非分」「無作法」は、一門のことですので、当初は幕府に露見しないように対処したと思いますが、仕置が悪化する中で本家の光仲家中が幕府に申し出る事態になったと想像します。

当資料の「条々」から、輝興を「暴君」と決めつけるのは簡単なことですが、輝興は何を思ったのか、どんな不満があったのか。ただ「狂気」し、「乱心」してこのような刃傷事件に発展したのか。その背景を知りたいところですが分かりません。推察されるのは、妻と侍女二名を同時に切った状況から、恐らく輝興の振る舞いを妻が諌めたのではないかと思うのです。「条々」にある輝興の所業、とりわけ本家に無作法な振る舞いとなれば、身近にいて諌められるのは黒田長政の娘である夫人しかいないのではないでしょうか。輝興の数々の所業を前提にすると、それは命がけの行動だったと思うのです。

やや踏み込んで推論を試みましたが、寛永・正保期の過渡期の大名のあり方を考えるうえで、輝興は何に苦しんでいたのか、輝興の無作法の要因は何なのか、などの内実を検討することは、単に事件や騒動の実態を明かすことにとどまらず、当時の新興大名を取りまく環境や社会の風潮を把握することに繋がるのではないかと考えています。江戸前期の不安定な大名家の事情は、本稿であつかった御家騒動や刃傷事件に象徴されますが、池田氏一門は、その由緒や格式を背景に、光政・光仲両名で連帯して老中筋の御用頼に掛けあい、危機に瀕した一門を存続させることに度々成功していました（『池田家三代の系譜』）。輝興家に対しても当初は同様の姿勢で臨んだのではないかと思います。

輝興と三人の子供、五郎八（政種）・万千代（政成）・通子は、【資料五】にあるように、岡山藩主池田光政預けになっています。池田光政の日記によれば、当初は池田光仲に預けられる予定でしたが、既に池田輝澄が光仲預けで因幡に居たことから、上意により光政に預けられました。輝興家は血縁などから本来光仲家との関係の方が強かったのではないでしょうか。光政は「右近儀ふちやうほう仕候処ニ、御せんさくもなく私ニ御預ケ被成候儀、一門中何も忝奉存候由申罷帰候事」と日記に記して、穿鑿もせずに輝興を預けられたことをやや訝しげに感じている様子ですが、実際は「条々」に示された程度の穿鑿はなされていました。

輝興は蟄居の身となり、父子は一時備前国邑久郡福岡村の実教寺に住みましたが、その後岡山城下の上道郡国富山少林寺（岡山市）に屋敷を構えたと言われています（国富山少林寺縁起資料）。輝興は二年後の正保四年に没して少林寺に葬られたと言われていますが、やはり気になるのは、母を父に切り殺されてしまった子供たちのことです。どんな思いを抱いて成長したのでしょうか。

嫡男の政種は寛文四年（一六六四）七月に赦免され、十一月に将軍家綱に拝謁し、十二月二七日に三千俵を与えられ、寄合（旗本）になっています。御家の再興には一門の働きかけが想定されますが、詳しくは分かりません。弟政成はのちに吉兵衛と称し、筑前福岡藩主黒田家の重臣、黒田監物某の養子となり藩主黒田氏に仕えたと言われていますが、十七歳で没しています。妹の通子も同様に筑前黒田氏の分家で東蓮寺藩主黒田市正之勝の継室になっています。之勝の伯母が殺害された輝興の夫人です。ともに母方の黒田氏に縁付いていることから、母の菩提を弔うために次兄は重臣の養子に、妹は藩主の分家に嫁したのではないかと推察されます。しかし通子も二十一歳の若さで亡くなっています（同資料）。

長男政種（五郎八）の子は政弘といいました。輝興の孫にあたります。天和三年（一六八三）七月に家督を相続しますが、元禄九年（一六九六）四月六日に実子無く死去しています。池田光仲の五男、十一歳の清勝（万之助）は、政弘の臨終にのぞみ養子となり、同年七月九日に家督を相続しますが、同月二十九日には清勝までも死去して家は絶えています。

■御家騒動と一門衆　～まとめ～

池田輝政ならびに妻良正院、輝政先妻の子の長男利隆、次男忠継（妻良正院長子）など、池田氏一門の重要な位置にある人物は一六一三～一六年の間に相次いで死去しました。権勢を誇った輝政家中の不幸は、その遺領分配と良正院の継母としての立場などから毒饅頭の説話を生みだしましたが、良正院の一門を想う母としての願いは明確でした。

本稿で取り上げた一門の御家騒動は、度重なる不幸から二十～三十年後に起こった出来事です。長常家中は寛永九年（一六三二）、輝澄家中は寛永十七年（一六四〇）、輝興家中は正保二年（一六四五）です。これらの騒動はみな結果的に幕府の上裁を仰ぐ形となっていますが、上裁以前には、親族や一門衆が調停しようとする働きかけが見られ、幕府も一門の異見は尊重されなくてはならないという姿勢を明確にして内済を第一に考えていたことがうかがえます。また騒動後の藩主家族の受け皿は、幕府の命により一門の本家筋が専らこれにあたり、面倒をみるという共通ルールがあったのです。

「赤穂事件」の真相

浅野長矩と四十七士

三好一行

先日（平成二十四年六月）、バレエ「ザ・カブキ」のＤＶＤが発売されました。昨夜もそれを観て、舞台で鑑賞した際の感動を新たにしました。

黛敏郎の作曲、モーリス・ベジャール振り付けという、二人の天才の共同作業によるバレエなんですが、現代の青年が江戸時代にタイムスリップし歌舞伎「仮名手本忠臣蔵」の世界に入り込み、討入りを成功させるというもので、終盤の男性群舞が実にすばらしい作品です。

この作品で、なぜ現代の青年が仇討ちに参加するのか。これを分かっていただきたいというのが、今日のお話の目的でもあります。

三枝成彰作曲の歌劇「忠臣蔵」初演はドイツ人のウェルナー・ヘルツォークが演出しましたが、三枝さんとお話した際に「ヘルツォーク氏が、武士道の精神はヨーロッパの人々にもよく理解できると言って、演出を引き受けてくれた」とおっしゃっていました。このような現代オペラが、何度も、しかも異なる演出で上演されるのはまれなことで、多くの現代オペラは一度記念上演されたらお蔵入りの運命にあります。

忠臣蔵の多くの場面が落語のネタにもなっていますが、「四段目」「七段目」などという落語は、だれでも歌舞伎の「仮名手本忠臣蔵」の筋を知っていることが前提なのです。

■刃傷事件

元禄十四年（一七〇一）三月十四日午前十一時ころ。場所は江戸城本丸御殿松之大廊下のことです。

「この間の遺恨覚えたるか」浅野内匠頭長矩《たくみのかみながのり》は吉良上野介義央《こうずけのすけよしひさ》の後ろから声をかけて、上野介が振向いたところを斬りつけ、逃げようとする上野介の背中にまた一太刀あびせました。このとき浅野を抱き止め、吉良の一命を救った大奥御留守居番梶川与惣兵衛の日記には以上のように記録されています。

この事件については、書き写された史料や伝聞史料が多く、また赤穂義士の行為が世の賞賛を浴びるにつれ、彼らを英雄視し、客観的とはいえない叙述も数多く見受けられます。

一例をあげれば、有名な浅野内匠頭の辞世「風さそふ花よりも猶我ハまた春の名残をいかにとかせん」にしても、幕府の目付多門《おかど》伝八郎の「覚書」に記されるのみで、切腹の場となった田村家の記録にも無く、今日では本人の作ではないのではないかと考えられています（八木哲浩『忠臣蔵』第一巻）。

そもそも、浅野内匠頭が吉良上野介にどのような遺恨を抱いていたのか、「この間の遺恨」がいつの時点でのことなのか、今日に至るまで「具体的には」、判明していません。

なぜかというと、幕府が詳しく事情聴取をしないまま浅野内匠頭をその日のうちに切腹させてしまったためであり、浅野が何か話したのかどうか、具体的な取り調べ記録が今日に伝わっていないためです。あるいは、浅野は武士として、死を前にして済んだ事をこまごまと言い訳がましく話したくない気持ちがあったのかもしれません。

この刃傷の原因を、大きく分類して

①乱心説
②賄賂・怨恨説
③塩業説
④持病説
⑤一方的な恨み説

の五つの説が伝えられてきました。

そのうち①は、浅野内匠頭が乱心して斬りかかったのではないかというものです。浅野内匠頭の母方の叔父にあたる内藤和泉守忠勝は、延宝八年（一六八〇）に増上寺において永井信濃守尚長を斬り殺していますが、この事件は「徳川実記」によると「失心」とされています。叔父のような病が彼にもあった可能性もあるというのです。

しかし元禄十四年のこの刃傷も、乱心であるならば、そのように発表できるはずです。そうすれば斬り付けられた吉良には瑕《きず》が付かない。しかし取り調べの結果は、浅野の乱心を示す記述は皆無です。また、幕府は医師の栗崎道有《くりさきどうう》を呼んで吉良の傷の止血処置をした後、それ以上の治療は自前でするよう申し渡しています。この幕府の処置は、浅野と吉良の間に事件の要因となる接点があったことをもうかがわせるものでした。

②も何の根拠もない。本来、役目を仰せつかった際にどの程度の出費と準備をせねばならないかは、江戸留守居役などが情報収集し、落度が無いよう努めている筈なのです。勅旨御馳走役としての準備も、吉良に対する挨拶も、この時代の慣例として、他家からの情報を得て怠りなかったであろうと考えるのが自然です。

③は近代になって言われだしたことです。かつて赤穂には塩田があり、吉良上野介の領地である吉良の海岸にも塩田があったので、塩業にかかわるトラブルがあったのではなかろうかというのです。赤穂の塩と吉良の塩が販路を巡って摩擦を起こしたとか、吉良上野介が浅野内匠頭に良質な塩の製造方法を教えてくれるよう頼んだのに断られたことを根に持ち、浅野に嫌がらせをした、というものです。

ところが近年になって、塩業説は完全に打ち消されました。次回に講演においでになる鈴木悦道師の著書『新版吉良上野介』（第三刷）には「最近の町史研究により、町内の塩田（白浜・吉田）は小牧に陣屋を置く上総（千葉県）大多喜藩（大河内松平氏）領であることが判明、また吉良氏領富吉新田に塩田のあった形跡が年貢記録に見られない。吉良氏と塩の話は残念ながら、あくまで伝説に過ぎないようである」と叙述されています。

塩業技術あるいは販路をめぐる摩擦説は、全く根拠の無いフィクションでした。

④はかなり現実的な説ではあります。浅野内匠頭には「痞気《つかえけ》」の持病があり、事件の頃も不快の模様で、当日も、藩医寺井玄渓が調合した薬を服用しています。

健康体であれば辛抱できることも、持病により辛抱できないこともあります。そういう意味では、刃傷事件を起こす原因の一端ではあるのかもしれない。しかし、他の要因が無くては、痞気だけで吉良に斬り付ける理由にはならないでしょう。

なお、浅野の「覚えたか」という掛け声は、竹内誠先生（江戸東京博物館館長）によると、当時の武士が勝負をいどむ際の掛け声です。

■吉良上野介は名君か

刃傷理由の⑤についてですが、近年、吉良上野介名君説が浮上してきました。吉良上野介は立派な人柄で、名君であるから、浅野内匠頭に恨みを受けるようなことはしていない。浅野が一方的に腹を立てた。吉良は悪くない…というものです。

赤馬（駄馬）で領地の吉良を巡った。黄金堤《こがねづつみ》（堤防）を一夜で造り、洪水の被害を無くした。高い教養の持ち主である。だから名君ということなのです。しかし吉良は大名ではないから、参勤交代で一年ごとに帰国する訳ではないし、いつ来るか分からない領主のために、領地に常に名馬を飼っていることはありえません。であれば、生涯のうち数度の領地見廻りに、ありあわせの馬を使うこともあったでしょう。

また領主が自領の豊作を願い、その対策をするのはごく当然のことなのです。百姓一揆など起きては、領地召し上げになってしまいます。

高家筆頭である吉良上野介が高い教養の持ち主であることは当然です。これは否定できません。しかし、高い教養の持ち主であることと、浅野を立腹させるようなことをしていないかどうかは、また別の問題なのです。吉良が名君であるから人に恨まれるような人物ではなかったという根拠も見当たらず、浅野が一方的に吉良を恨んで斬り付けたという論はなりたたないものです。

▒意　趣

では、事件の真相をどう考えればいいのでしょうか。浅野は、刃傷の直後、取り調べに対して「上野介にはこの間中、意趣があるので、殿中、しかも今日の事、恐れ入るが、是非に及ばず討ち果そうとした」と述べています（「梶川氏日記」）。吉良自身が意識していたか否かは不明ですが（吉良は恨みを受ける覚えは無いと述べている）、浅野は吉良に対して意趣を持っており、この事件は決して突発的な事故ではありません。

この年（元禄十四年）、吉良上野介は一月二十八日に上洛、参内し、江戸へ帰ったのは二月二十九日です。一方、浅野は二月四日に勅使御馳走役を拝命しています。三月十日までに準備を整えて、伝奏屋敷に詰めねばなりませんでした。双方とも時間的余裕がなく、かなり気が立っていたとしてもおかしくない状態と推定できます。

浅野内匠頭が短慮であったにしろ、また吉良に、浅野を困らせようという悪気があったか無かったは別にして、吉良は浅野に対して何らかのアクション（叱りつけるなど、言葉だけであるかもしれない）を起こしていたことが考えられます。そのような小さな要因が積み重なり、浅野はそれにたいへんな侮辱を感じたかもしれません。当時の武士にとって人前で侮辱されるということは死にも等しいことなのです。

浅野にとってはそれほどの事なのですが、吉良にとっては、いつものことで、特に思い当たるほどのことではなかったのかもしれません。あるいは、十四日当日に、浅野は吉良の言葉か態度に、許しがたい侮辱を感じることがあったのかもしれません。そうでなければ「上野介にはこの間中、意趣があるので」という浅野の言葉の説明はつきません。

■幕府の裁定

浅野が吉良に斬りかかり、吉良は無抵抗であったのですから、平成の今日的な感覚からすれば、これは喧嘩とは言いがたい事件です。しかし元禄の時代は、武士が武士に遺恨をもって斬りつければ、それは喧嘩にほかならなかったのです。事件を見聞した武士たちはそう感じていましたし、浅野家筆頭家老大石内蔵助らもそう考えていました。

ところが、浅野と吉良は幕府の役人から簡単な取り調べを受けた結果、浅野は即日切腹を仰せつかり、その夜、一関藩田村右京太夫建顕《うきょうのだいぶたけあき》の下屋敷で切腹して果ててしまいます。一方、吉良は額と背中に傷を負ったのですが、命に別状無く、外科医栗崎道有《くりさきどうう》の治療により止血し、お構いなしとなりました。

では、なぜ幕府はそれほど浅野の処分を急ぐ必要があったのでしょうか。今谷明先生の『武家と天皇』（岩波新書）によると、「勅使登城」の場を汚した不敬事件という認識があったからであるとされています。勅使の手前、事件を起こした浅野を即座に処罰する必要があったのかもしれません。

このように、喧嘩両成敗法を無視した幕府のお手軽・不公平な裁定が、一年十ヵ月後の元禄十五年十二月十四日に吉良邸討入り事件を引き起こしてしまったのです。

なお、喧嘩両成敗法は「武家諸法度」に明記されている訳ではなく、戦国時代からの慣習法として浸透しているものです。

■早駕籠

浅野家中の早水藤左衛門・萱野三平の乗った早駕籠が十四日午後五時前に、赤穂へ向けて江戸を発ちました。これが赤穂に事件の第一報をもたらした第一の早使《はやつかい》です。内容は「十四日殿様が吉良と喧嘩され、田村右京太夫様へお預けになった」ことと、口頭で「札座《さつざ》の儀をよろしく」というものでした。赤穂城明渡しの命令は未だ明確に出されていないはずですが、江戸方では「当然、城を明け渡すことになる」という感触を、このときすでに持っていたのでしょうか。

この早使は三月十九日午前六時ころに赤穂城へ到着していますから、江戸―赤穂間を四日半かけて走ったことになります。これが早駕籠の最速記録といわれています。では、通常の早使はどのくらいの日数をかけて、江戸―赤穂間を走ったのでしょうか。元禄六年（一六九三）十二月に浅野内匠頭は、備中松山城の受取りを命ぜられました（受取りは元禄七年二月）。この時は冨森助右衛門が早駕籠で江戸から赤穂までを六日間で走っています。

次に、第一の早使に次いで江戸を発った浅野大学の足軽飛脚が赤穂へ到着。「騒動しないよう」老中から仰せ付けられたことを知らせる書面をもたらしました。

続いて、いよいよ「殿様御生害」を知らせる第二の早使、原惣右衛門と大石瀬左衛門が十四日夜に江戸を出発、十九日夜に赤穂城へ到着しています。

浅野家では毎年籠屋に付届けをしているから、このような素早い走らせ方ができたのです。なおそれでも早籠に乗る際には二十両の金を懐にしたということを、原惣右衛門が述懐しています。この当時も、スピーディな情報伝達のためには金に糸目はつけなかったのです。

浅野家筆頭家老の大石内蔵助良雄は江戸からの知らせを受けて、まず緊急課題の藩札処理の対策にとりかかり、協議の結果、早くも翌二十日から二十八日までかけて、藩内・近隣に流通している藩札を六歩（六割）替えで回収し、焼却処分してしまいました。

その後、四月五日には家中への割符金（退職金）の支給を行っています。高い知行の者ほど支給率を逓減する計算方法であり、支給額そのものを逓減させたわけではありません。

大石らは、城内の武具・馬具の売立てや、引渡し書類の作成など、短期間に夥しい事務量をこなしています。

家臣たちの言い分

さて赤穂の浅野家臣団では、赤穂城を幕府の命令どおり明け渡すか否かの議論が百出しています。籠城、あるいは殉死を望む者達もいましたが、「大学様が人前に立てるようにならないことには、このままではおかない。以後の含みもある」という大石の主張が受け入れられ、無事に開城することができたのです。

しかも大石は、殉死する覚悟のある者達から神文血判を取り、家臣の心を一つにまとめることにも成功しました。

家臣の一人、小野寺十内が妻丹に宛てた四月十日付けの手紙にはこう記されています。

「我らは、知ってのとおり、当家の初めより小身ながら今まで百年間ご恩によって暮らしてきた。今の内匠頭殿には格別のお情けには預かっていないが、代々の御主人の百年の恩に報わねばならない。このような時にまごついては家の瑕。一門の面汚しとなって面目ない。時期に至ったら、潔く死のうと思っている。老母のことを忘れたり妻子のことを思わない訳ではないけれども、武士の義理に命を捨てるのは当然のこと。理解して深く嘆かないでくれ」

籠城することになっても殉死切腹であっても、どちらにしても自分は死すべきものとの覚悟を定めた遺書です。「今の内匠頭殿には格別のお情けには預かっていない」とは、妻に対して思わず本音が出たのでしょう。

いよいよ討入り間近に迫った、元禄十五年十二月ころの身内への手紙には、遺書としての内容のものが多く遺されていますが、この小野寺十内などは開城前に、すでに死を覚悟し、一年十カ月にわたり、その志を持続させているのです。当初は大石とは意見を異にしていた、堀部弥兵衛・安兵衛（武士の一分）や、片岡源五右衛門なども小野寺と同様の覚悟でしたでしょう。

しかし御家の名誉ということを一番考えていたのは、大石内蔵助であったでしょう。これからの彼の行動は、すべて御家の名誉回復第一といって差支えないものです。この先、筆頭家老としてどう行動すべきか。その結果が、立派に城と領地を明け渡して、幕閣に働きかけようというものだったのです。ただし、同時にこの頃から浅野家再興が成らなかった際のことをも考えていたものと思われます。

大石は「浅野大学の面目を立ててほしい」と何度も幕府に嘆願しましたが、ではどうすれば面目が立つのか、その具体的な内容は曖昧なままです。大学の地位が回復されればそれでよいのか。それとも吉良に対して何らかの罰を与えてほしいのか。口には出さずとも、最終的には後者を望んでいたことは言うまでもないことです。

海に突き出た平城である赤穂城は、戦いを想定しない近世の城郭です。上水道の水筋を断たれてしまえば、それ以上籠城を続けることはできません。また、一部の家臣が激情にまかせて吉良を襲うことも阻止せねばなりません。いずれの行動も、浅野家の恥の上塗りであります。そのためには、自分の力で無事に開城する必要があったのです。

大石が「以後の含みもある」と述べて堀部安兵衛たちを説得したのは、決してその場だけの取り繕いではなく、ずっと後のことを見据えてのことでした。

開城に際して、不名誉を一身に背負ったのが、家老の大野九郎兵衛です。浅野家の菩提寺花岳寺の、浅野内匠頭と四十七士の墓所の前に「忠義桜」と「不忠柳」があります。忠義桜は大石邸にあった桜、不忠柳は大野邸にあった柳です。「三百年前の大野の不忠をまだ許さないとは、赤穂の人は執念深いいね」とよく驚かれます。結果的には大石も大野と同じく、開城することを選んだのですが、大野のように単に開城しようとした訳でありません。ではなぜ今日に至るまで大野が嫌われているのだろうか。それは大野が開城を前にして赤穂から逐電してしまったからではないでしょうか。つまり、重要時に管理職が職場放棄してしまったのです。

赤穂では、俗説ではありますが、江戸時代の良い事は「大石さんが偉かったから」と言い、悪い事は「大野がやった事だから」と、現在でも言われることがあります。大野九郎兵衛は、あるいは吉良上野介以上の悪役なのかもしれません。吉良上野介には同情の余地もあるかもしれませんが、大野の場合はそれすらもないのです。「仮名手本忠臣蔵」でも悪人として登場し、非情な最期をとげます。

■開　城

さて、受城目付荒木十左衛門と榊原采女《うねめ》は四月十六日に赤穂へ到着。続いて十七日に代官石原新左衛門と岡田庄太夫が、赤穂に到着しました。翌十八日、受城を明日に控え、目付・代官の四人は城内の見分を行いましたが、大石はこの機会をとらえ、「浅野大学が奉公できるよう」訴え、「老中に申し上げる」との言葉を得ることができたのです。

十九日、受城使脇坂淡路守と木下肥後守の軍勢により、夜明けから赤穂城受取りが始まりました。午前九時過ぎには一通り受け渡しが終了し、最後まで城内で手続きをしていた大石と奥野将監（家老の一人大野九郎兵衛が十二日に城を逐電した為、番頭の奥野が代行した）は赤穂城の清水門から城をあとにしました。どの映画でも名場面のところですね。

赤穂藩士は、開城と同時に、自邸も開け渡し、城下を出た。大石は家族を、熊見川を渡った尾崎村に住まわし、他の三十二人とともに、城下の遠林寺《おんりんじ》で居残り事務を続けました。五月二十一日に業務を終えた大石は、進藤家の世話で山科西山村《やましなにしのやまむら》へ移ろうと考えていましたが、左腕の腫れ物が再発。結局、六月二十四日に冷光院殿《れいこういんでん》の百カ日忌法要を赤穂花岳寺《かがくじ》で勤めてから、山科へ出発することになりました。

大石は赤穂で居残り業務をする一方で、浅野大学長広（長矩《ながのり》の実弟で養子）をたてての浅野家再興を、京都普門院・護持院隆光《りゅうこう》・広島藩主・三次《みよし》藩主など、各方面に積極的に働きかけていました。また、城下を引き払う旧臣たちの居所をも把握。これは翌年八月に起請文を返戻できたことからも明らかですが、膨大な事務量であったはずです。

■武士の一分

大石内蔵助も、江戸詰めの堀部安兵衛・奥田孫右衛門・高田郡兵衛らの思いも、「武士の一《いち》分《ぶん》を立てる」という点では一致していました。しかし、その内容はというと、両者の考えは大きく異なっていたのです。大石は浅野大学をたてて、浅野家を再興することを第一に考えていました。そのうえで、吉良家に対してなんらかの処分をも望んでいたのです。主家である浅野家を存続させ、しかも面目が立つように働くのが家臣のとる道であると考えていました。

大石をはじめ、浅野家の幹部の多くは、「御家の名誉」を回復することを第一に考えていたのではないでしょうか。

いっぽう堀部に代表される江戸住まいの数人は、「武士の一分」は、亡君の喧嘩相手である吉良上野介を討ち果たすことによってのみ、立てられると考えていました。浅野大学は関係ないという考えです。江戸派には「自分たちが殿に付いていていながら…」という思いもあったかもしれません。その意味で、国元とは温度差があります。

ところが、片岡ら常に長矩の側近く仕えていた用人たちは、「武士の一分」などではない、また別の特別な感情があったのでしょう。大石らのグループはもちろん、堀部ら急進派とも距離をおいて、一途に亡君の仇討ちだけを考えていました。

堀部安兵衛のことを急進派と言いましたが、彼は決して単純な人物ではありませんでした。たえず大石を討入りに向けて催促するのですが、大石も多分に江戸住まいの堀部を頼りにしている節がみられました。江戸を知らない大石にとって、堀部は江戸留守居役として顔も広く、味方に付ければ頼もしい人物です。

しかし、大石の考える「御家の名誉」を回復するには、なんとしても江戸急進派による吉良暗殺は押しとどめねばなりません。お互いが相手を必要としていることは、堀部が大石らとの書状のやりとりを綿密に記録した「筆記《ひっき》」にも、それとなく表れています。

赤穂義士のうちで人と戦い斬った経験のあるのは、史料の上ではっきりしているのはこの堀部安兵衛だけなのです（元禄七年、高田の馬場の助太刀で三人斬った。堀部弥兵衛と不破数右衛門も、人を斬ったという伝承はある）。元禄当時は、すでに侍が刀を抜いて向き合うことがまれな時代となっていました。この実戦経験からのアドバイスが、吉良邸討入り時には大いに役立っています。また堀部は、自分では討入りのリーダーたりえないことを知っていたのだと思います。そのため、大義名分を優先する大石を見限り、少人数で討ち入ろうとさえ考えた一時期があったが、その際も原惣右衛門をリーダーに仰ごうとしていました。

■同志の脱落

しかしこの間に次々と同志は脱落。なかでも元禄十四年十一月には大坂曾根崎で、橋本平左衛門が遊女と心中して果てました。十八歳といわれています。

続いて元禄十五年一月十四日、萱野三平が亡君への忠と、親への孝の板挟みとなって切腹してしまいました。これは奇しくも亡君の月命日です。またこのころ、江戸における急進派の一人であった高田郡兵衛が脱盟してしまいました。このことは、大石にとっても衝撃であったようです。そのほか「親が大事」といって一党から抜けた者もあります。討入りにむけて浅野家再興に尽力はしつつも、それが無理ということは、大石にも肌に感じられるようになってきたことでしょう。

元禄十五年四月に、大石は長男の主税《ちから》だけを山科の手元に置き、妻などを豊岡の実家へ去らせました。りくが身重であったこともあるが、江戸急進派に「はやまらないよう」説得しながらも、討入りに向けて動く心積もりをしていたのかもしれません。

七月に浅野大学の広島藩差し置きが決まり浅野家再興の望みが断たれた為、京円山で大石・原・堀部ら十九人が仇討ちを決議。急進派の分裂を避けることができたのです。

いよいよ、討入りを決定すると、大石は貝賀弥左衛門・大高源五に命じ、あらかじめ受け取っていた起請文《きしょうもん》（神文判形《しんもんはんぎょう》）を上方《かみがた》・播州方面の提出者に返させました。これまでの起請文提出者は約百二十名です。返却の際、意思の堅固な者のみに真相を打明け、あらためて同志としたのです。

左に示すのは、大石に差し出された起請文のうち、唯一現存するものです。仏神に誓う言葉は、ほぼ型通りである。詳しい者が皆に教えたのでしょうか。ただ、牛王宝印《ごおうほういん》の刷物《すりもの》の裏に書くのが作法なのですが、井口半蔵・木村孫右衛門の二人は、表に書いています。

敬白起請文前書之事

一此度被仰合候御主意之儀弥無違変、

互申合本意ヲ相達可申候事

附、此一義他人者不及申親族・家僕

至迄一切洩シ候間鋪候、雖為親子・

兄弟・妻子其志不見届者江者

堅申聞間鋪候事

右之趣於相背者

（紙継）

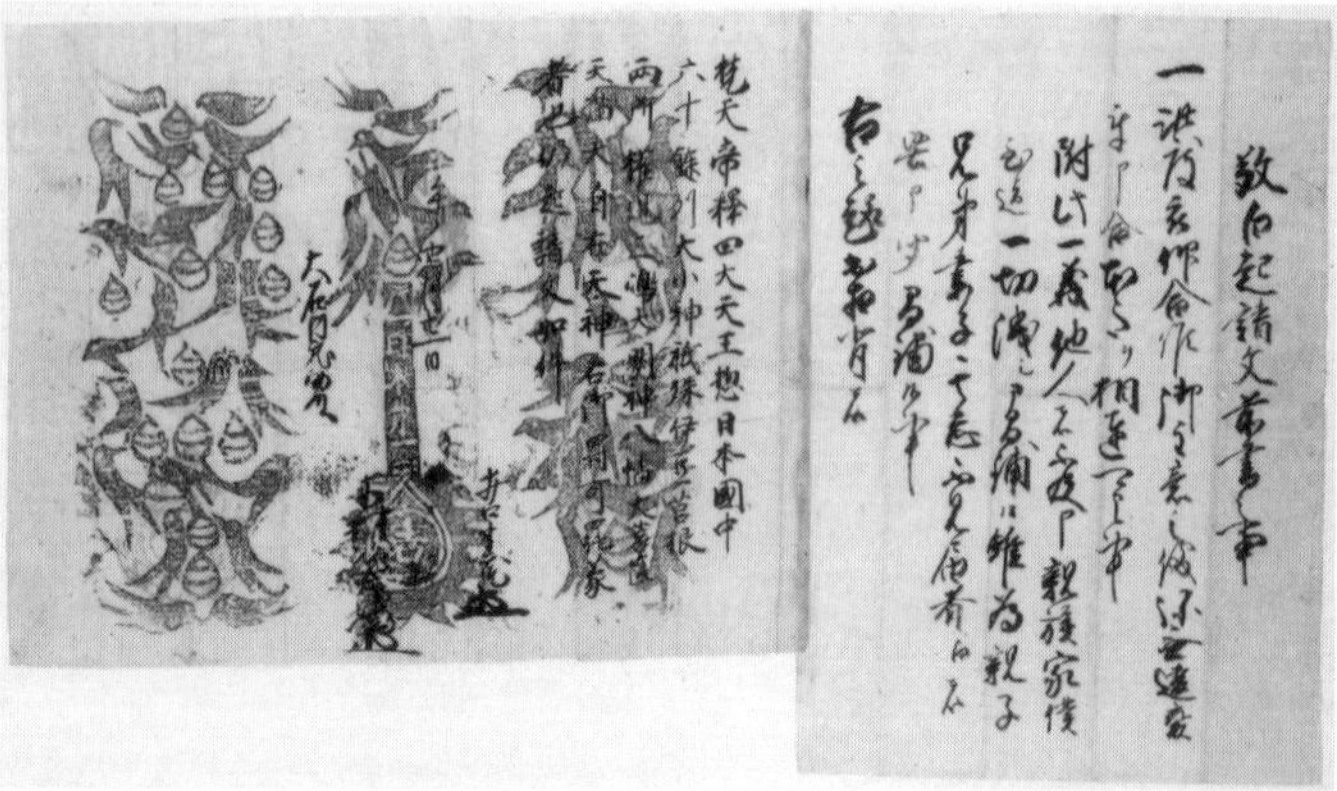
井口半蔵・木村孫右衛門連署起請文（赤穂市立歴史博物館所蔵）

梵天帝釈四大天王惣日本國中
六十余州大小神祇、殊伊豆・箱根
両所権現、三嶋大明神、八幡大菩薩、
天満大自在天神、右御罰可罷蒙
者也、仍起請文如件
井口半蔵（血判花押）
午ノ四月廿一日
木村孫右衛門（血判花押）
大石内蔵助殿

何を誓うのかについては、別紙に書いて貼り付けていますが、この二人のものは内容がはなはだ曖昧で、「一義について、他人・親族・家僕にも言わない」というだけのものです。万一の漏洩を恐れてのことでしょうか。

この起請文返しによって、七十名くらいが抜ける結果となったようです。

また、横川勘平は、このころ江戸在住の同志たちに起請文を書かせて回っています。

なぜ大石は、討入りにあたって、せっかく集まっていた起請文を返したのでしょうか。討入りに失敗すればもちろん、成功しても死あるのみだからです。一つは、なんとなく大石に付いて来た者を抜けやすくした。二つには、討入りを成功させるには決死の覚悟を持った者以外は不要。ということでしょう。

■遺　書

大石ら旧浅野家中の吉良邸討入りを、「仕官運動」とか「せっぱつまって」と評する向きもありますが、それは間違っています。たしかに、通常の敵討ちであれば、成功すれば「武士のかがみ」として、仕官が叶うことが多いようです。しかし彼らの場合は、討入りが成功した場合でも罰を受けることを予想しています。罪をおかしてでも、罰を受けても、という認識のもとで討入りに参加しているのです。

それは、彼らが家族に宛てた遺書を読めば明らかです。

大高源五が江戸へ下る際の、十五年九月五日付け、母への暇乞い状には「殿様は乱心ではなく、上野介殿に意趣があって斬りつけたならば、その人はまさしく仇《かたき》です。主人が命を捨てるほどの憤《いきどお》りをもった仇を安穏にしておくのは武士の道ではない」。また十二月七日には「先立つ不孝の罪が後の世も恐ろしい」と死ぬ覚悟を示しています。

一回目の討入り計画前日にあたる十二月四日に、岡野金右衛門が母親に宛てた書状には「かねて申し上げていた通り、このたび時節が来たので、我々は相果てます。お嘆きにならないよう、念仏の一遍も頼みます」とあります。

最年長の堀部弥兵衛は姉に宛てて「吉良殿を討っても、公儀のお仕置きにあい、命は終わるはず。今生にてはお目にかからない」と認《したた》めています。

木村岡右衛門は妻に対し「今晩、吉良殿を夜討ちに行く。大名の屋敷へ五十人ばかりで入るのだから、みんな死ぬ覚悟で行く。侍の家に生まれたからは、女であってもこのような事にあうはずだから、嘆《なげ》かないでほしい。我らが果てた後は再婚してほしい。若後家などと言われたら、草葉の陰で恨みます。似合ったところがあったら、五十日過ぎれば片付いてください」と、再婚を促しているのです。

■討入り

元禄十五年十二月五日、吉良上野介の茶会を確認。大石らは、同日深夜の討入りを決めました。ところが、この日は将軍が柳沢邸にお成りになるため、吉良邸の茶会が延期されるとの情

義士討入　長安雅山筆（「赤穂義士真観」のうち）
（赤穂市立歴史博物館所蔵）

報が入り、討入りは延期されたのです。

しかし、あまり討入りの時期を延ばすことはできません。五日の討入りに向けて多くの同志が金を使いきっていることと、討入りが年を越すようなことがあっては緊張の糸が切れ、どれだけの脱盟者が出るかわかりません。幸い、十二月十四日に茶会の情報を得、同日（今ふうに言うと、十五日早朝）の討入りを決めることができました。

十三日は大掃除の日。江戸時代は十二月十三日が一斉すす払いの日に決まっていました。その翌日に茶会です。茶会などという催しごとは、亭主をはじめ家来にも多大な気苦労を伴います。当夜は吉良邸には、赤穂側の約三倍、百五十人が居たようですが、家来たちの多くは疲労もあり、大寒の頃でもあり、夜間はぐっすりと寝入っており、異変があっても、頭と身体の反応が鈍かったはずです。

一方の赤穂浪人側は、着物の下に鎖《くさり》を着込み、鎖の帯を締め、かなりの重量の装備をしていますから、寒い季節でないと充分な活動はできなかったことでしょう。時期と時間を選び、綿密な打合せのうえで討ち入った赤穂側と、疲労して熟睡している吉良方とでは勝負にならず、約二時間の戦闘で終わりました。吉良側の死者十七人、負傷者二十八人ですから、三分の二はほぼ無抵抗であったのでしょうか。赤穂側は数名が傷を負った程度で、死者は出ませんでした。

実際に吉良邸に入ったのは、深夜ではなく午前四時ころです。なぜ夜明け前に討入ったのか。戦闘が長びいても夜が明ける心配の無い深夜に討入らなかったのか。事件の事を調べるにつけ、私はこれを疑問に思っていました。これは、大石らが諸天善神の加護を得るためではないかと思います。寅の刻というのは、諸天善神が起き出す時刻なのです。反対に泥棒などの悪い事は、魑魅魍魎《ちみもうりょう》が跋扈《ばっこ》する丑の刻（午前一時〜三時ころ）にするんです。丑の刻参りというのもあるでしょ。ムソルグスキーの交響詩「はげ山の一夜」を思い出していただければよいかなと思います。あのイメージです。

■大石の剣術

大石はじめ、浅野家中で多くの者が習った剣術は、東軍流《とうぐんりゅう》です。師匠は奥村無我《むが》。岡山方面の出身で、大石内蔵助と同年齢と思われる剣士です。大石は、元禄五年に奥村に対して起請文を差出しているので、このときに入門したものでしょうか。潮田又之丞も東軍流を習っており、他の何人かの藩士も同時に入門していました。藩の記録にはありませんが、ひょっとすると、この時期に奥村は浅野家に仕官していたか、赤穂に来ていた可能性もあるのではないかと思っています。奥村は高松藩に仕官していますが、それは後のことかもしれません。

このように東軍流は、中国筋から播磨、四国あたりで流行った剣術です。なお、奥村は師範ではないので、大石に免許は与えていません。興味深いのは、この流儀は打込む際に気合をかけず、無言で打ち込む点です。なんと実戦的で、夜討ちにふさわしい剣術ではないでしょうか。

午前六時前に吉良上野介を討ち取った大石らは、吉良邸裏門を出、無縁寺（回向院）へ入ろうとしましたが、無縁寺は門を開けません。舟も出してくれないので、徒歩で泉岳寺へ向かうことにしました。

泉岳寺への途中、吉田忠左衛門と冨森助右衛門の二人が一行と別れ、大目付仙石伯耆守へ「浅野内匠家来口上」を持って、事の次第を届け出ました。

吉良邸からの知らせを聞いた上杉家では、討手《うって》を差し向けようと準備をしましたが、老中の下知により思いとどまらざるをえません。

午前八〜九時ころ、浅野家菩提寺である泉岳寺に着いた四十四人は、浅野長矩の墓前に吉良の首を供えることができたのです。

四十六士（足軽寺坂吉右衛門が途中立ち退く）を四大名家に預けることが決まり、寺を出て大目付仙石伯耆守の屋敷へ向かったのは、午後八時ころでした。

仙石邸から熊本藩細川家・伊予松山藩久松家・長府藩毛利家・岡崎藩水野家へ振り分けられ、それぞれの屋敷に到着したのは、すでに十五日の夜半を過ぎ、今の言い方をすれば十六日になっていました。細川家では、上杉家の四十六士奪還を恐れたこともあり、総勢八百七十五人の編成で十七人を受取りに行っています。また当主自身が行くべきか迷ったということです。

そのほか久松家が二百八十六人で十人を受取り。毛利家が二百二十九人で十人を受取り。水野家が百二十人余で九人を受取って、自邸へ護送しました。

■切　腹

このように、一年十カ月前に刃傷事件を起こした浅野長矩を即日切腹させ、喧嘩相手の吉良上野介を神妙したお手軽さとはうって変わり、幕府は四十六士にたいしては慎重な吟味を行っています。

幕府内では助命という意見も出たようですが、結果は四十六人に切腹仰せ付け。男の子十九人に対しても遠島を申し付けられました。これは、十五歳以上になれば遠島に処するということで、実質的に遠島になった者は四人でした。

いっぽう上野介の養子、吉良義周《よしちか》は「この度の仕方不届き」として領地召上げ、諏訪高島藩へお預けを命ぜられています。むしろ本家に預けられた浅野長広に対してよりも過酷な処置であり、実際高島でも厳しく扱われたようで、三年の後、宝永三年（一七〇六）正月に死去してしまいました。

浅野長広と義士の遺児が赦免されたのは、これより前、宝永六年（一七〇九）七月のことです。

■討入りの意義

なぜ大石ら旧浅野家中は吉良邸に討ち入らねばならなかったのでしょうか。彼らの妻や子に遺した遺書には「討ち入りに成功しても失敗しても、死があるのみ」「家族にも罪が及ぶであろうが、取り乱さないように」などと書かれています。それらを読むと冷静で綿密な計画のもと、死を覚悟して討入ったことがわかります。

討入りの目的は、吉良邸に携《たずさ》えていった「浅野内匠家来口上《あさのたくみけらいこうじょう》」に端的に示されています。それには、浅野は正しかったとか、吉良が悪かったなどということは書かれていません。また大石らにとっては、極論すれば刃傷の原因はどうでもよいことであったのではないでしょうか。

「去年（元禄十四年）三月、内匠頭が伝奏御馳走役を勤めた際に吉良上野介殿へ意趣を含ん

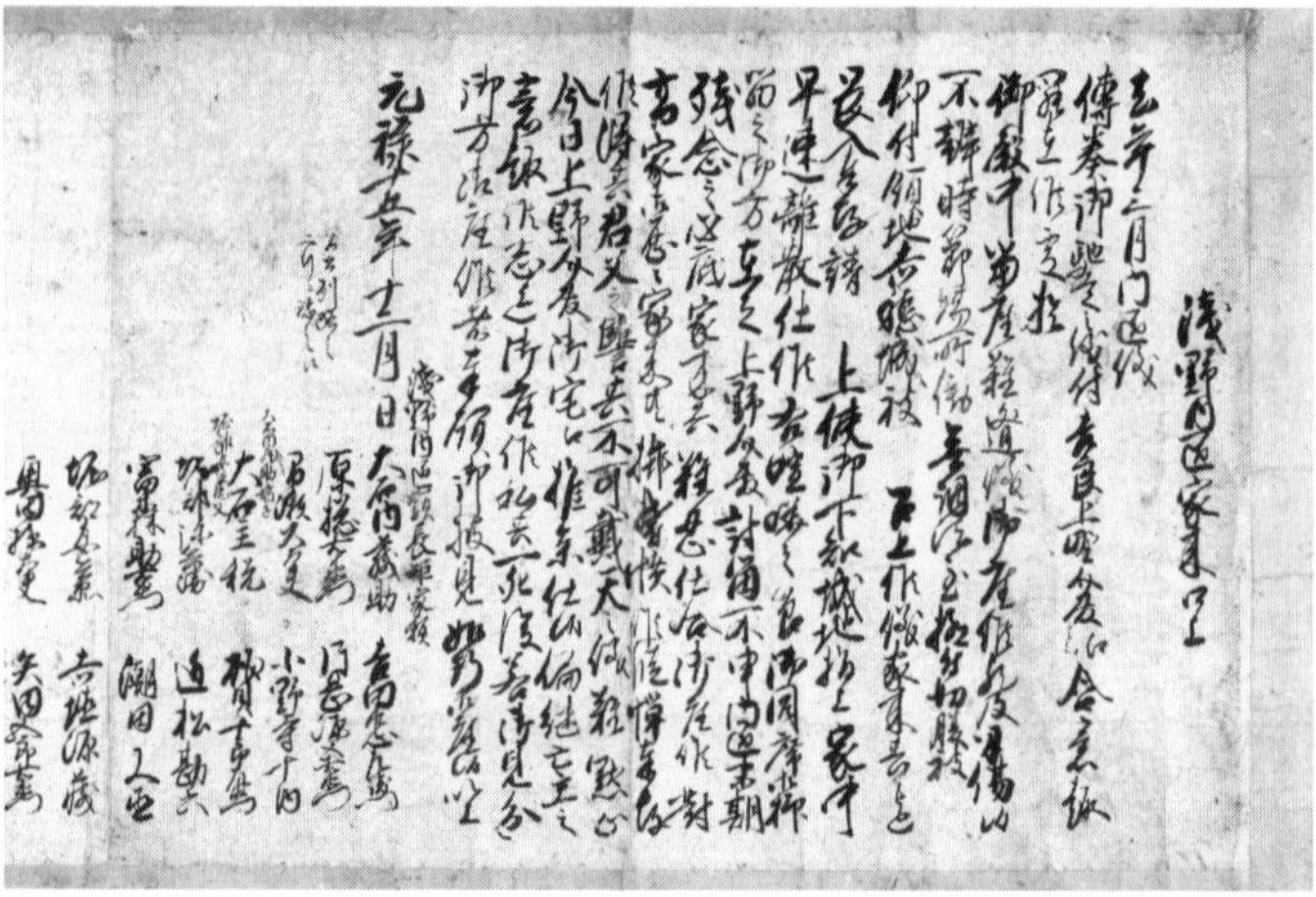

※左頁に続く

浅野内匠家来口上（赤穂市立歴史博物館所蔵）

でいたことがあり、御殿（江戸城）の中で、どうしてもやむを得ない理由から刃傷に及びました。時節・場所柄をわきまえず、不調法極まりなく、切腹仰せつけられ、領地・城を召し上げられましたことは、我々家来共まで恐れ入っており、城地をお返しして、家来はさっそく離散しました。ただ喧嘩の際にお止めになった方があり、上野介殿を討とめることができず、内匠は残念に思いながら切腹して果てたので、家来共も忍びがたく思っています。

　高家（吉良）のような方に対して家来共が鬱《うっ》憤《ぷん》をいだくことは申訳ないことですが、君父の敵と共に天をいただくことは我慢できません。きょう上野介殿のお宅へ行き、亡主の意趣を継ぐ志です」というのがその大意である。

この内容を見ると「亡君の遺志を継いで吉良

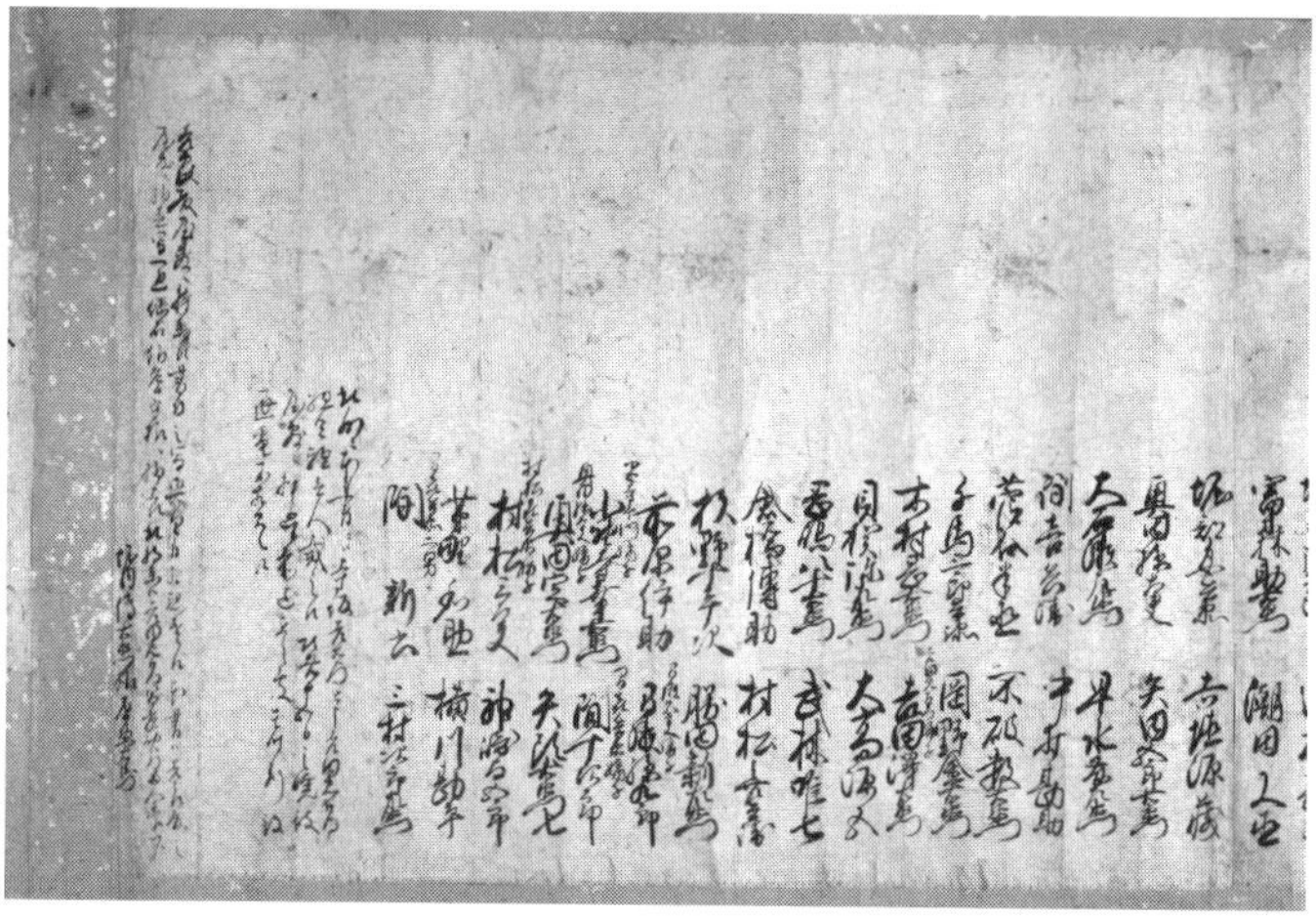

を討つ」ということを訴えています。これが第一の討入り理由です。しかし彼らの行動を見ると、それはむしろ建前の理由、表向きの目的なのです。

大石らの考えはもっと深いところにあります。それは幕府がみずから破った喧嘩両成敗を、自分たちの手で完結するということです。それから、もう一つの大きな目的は、不公平な裁定を解消するということです。そのために、大石ら四十六士は幕府大目付に自首したのです。討入り後、もし大石ら全員が切腹して果てていれば、幕府はその処置に苦慮することはなかったことでしょう。

大石らは「我々は幕府ができなかった喧嘩両成敗を自らの力で行った。さぁ我々をどう処分する」と自らの身を幕府に差出したのです。

幕府は、浅野内匠頭の際の即日切腹とは異なり、四十九日間という日にちをかけての慎重な協議の後、四十六士には切腹という決定を下しました。いっぽう吉良家に対しては、養子左兵衛を不届きとして、知行地召上げのうえ、流罪としています。喧嘩両成敗にしたのです。

幕府に喧嘩両成敗させたことによって、初めて、ここに赤穂義士の敵討ちは完結したと言えるのではないでしょうか。そして、それは一面には亡君の仇討ち、御家の名誉、武士の一分という、封建的忠義の行動の側面はありますが、他方では巨大な権力悪に、何の力もない、一地方の浪人者たちが、自らの命を賭けて異議を申し立てた反権力の行動であったのです。何の力も持たない者たちが、絶対であるはずの幕府の裁定を覆させたことが、当時の人々に感動を与えたのです。

このような思想を理解してこそ、初めて、はじめにお話した「ザ・カブキ」で現代の青年が討入りをする意味、また忠臣蔵がドイツ人にもよく理解できるということが納得できるのです。だからこそ、三百年以上にわたって、元禄赤穂事件は毎年のように新たに創作がなされ、それがまた我々を感動させ続けてくれているのです。

榊原氏と政岑の不行跡

「遊女身請け」の虚実

花岡公貴

■はじめに　―譜代名門榊原家の八代目

姫路市における榊原政岑の知名度は、「ゆかた祭り」や「好古園」・「高尾太夫」といったキーワードで、姫路の大名の中でもトップクラスではないかと思いますが、いかがでしょうか。しかし、その政岑がどんな人物だったのか、またどうして隠居謹慎に追い込まれたのか、その本当の姿はあまり知られていないようです。今日は、最近知られるようになった史料もご紹介しながら、実際の榊原政岑がどういう人物だったのか、その一面を少し描き出してみたいと思っています。

まず、系図1を見ながら、榊原家の歴史をかいつまんで説明しておきましょう。榊原家の祖である榊原康政は、徳川家康が幕府を開くにあたり大きな功労のあった家臣で、徳川四天王の一人に数えられます、家康の関東入部と同時に館林藩主（群馬県）になりました。この康政の三男が二代目の康勝です。康勝の長兄忠政は、康政の妻の実家である大須賀家を継いでいました。その大須賀忠政の子忠次は、若死にする榊原康勝に子がいなかったことから、榊原家の三代目を継ぐことになります。このため、この大須賀家は断絶するのですが、榊原政岑と大須賀家とは関係が出てくるので覚えておいてください。

さて話を戻しましょう。この三代目忠次が非常に優れた人物で、館林から白河（福島県）へ、白河から姫路十五万石へと出世しました。そして、忠次の息子が四代政房。この政房も早くに亡くなり、子の五代目政倫《まさみち》《まさとも》はまだ五歳でした。幼い藩主に姫路は無理であるとして、越後の村上（新潟県）に転封させられます。この政倫もまた若くして亡くなったあと、再び大名榊原家の継嗣がいなくなり、旗本の榊原家から六代目となる政邦が養子に入ることになります。この政邦は、いなかったはずの二代目康勝の子の勝政の血統で、勝政の子の政喬《まさたか》と勝直の二人が旗本の榊原家となります。政邦はその勝直の子でした。この六代目政邦のとき、榊原家はふたたび村上から姫路へと戻ってきました。この政邦の子が七代目の政祐となりますが、残念ながらこの人も若死にしてしまいます。そして三たび、養子が迎えられることになります。旗本榊原家から政岑（はじめ勝岑）が大名榊原家の政祐の養子に迎えられ、八代目を継ぐことになるわけです。

系図1　榊原家略系図

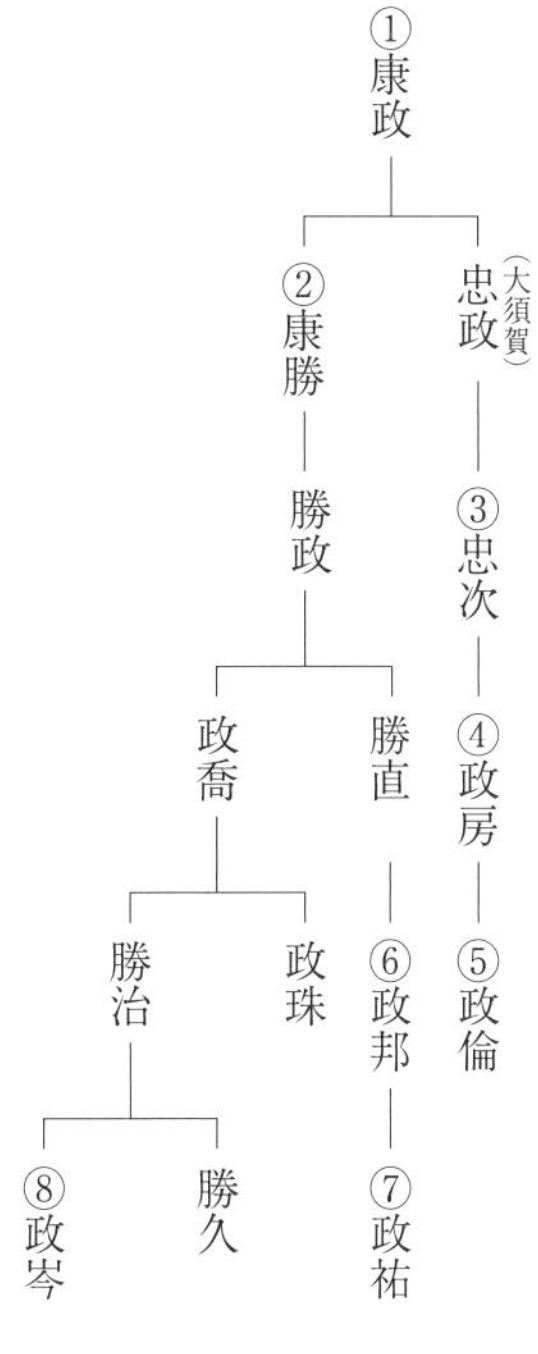

　このように榊原家は二度姫路の藩主となりました。江戸時代の前半、大名榊原家の相続は、危ない綱渡りだっ

たようです。今日の主人公である八代目政岑のときは、榊原家にとって二度目の姫路時代でした。

■実録物に見る榊原政岑

有名人だった政岑は、江戸時代から物語や本に名前が登場して、いろいろな噂話や創作話が生まれました。そのなかの一つに「播州色夫録《ばんしゅうしきふろく》」というごく短い説話集があります。三田村鳶魚という江戸風俗研究者が編集した『列侯深秘録』という本に収録されているものです。「色夫」というのは色男のことで、榊原政岑の官職名「式部大輔」の「式部」と掛け言葉になっています。江戸時代の人たちが政岑のことをどんなふうに見ていたかがわかる史料ですから、まず現代語にして紹介しましょう。

①北国の遊里（江戸吉原）へ足しげく通った。

②三浦屋の遊女高尾を千金を費やして身請けし、その上三千両を使って、吉原の遊女を総上げした。（中略）池之端屋敷（榊原家の江戸中屋敷）に三日三晩で作った長屋へ高尾を住まわせ、姫路帰国の際に高尾を姫路城の西の方《ほう》へ置いて、西の方《かた》と呼ばせた。

③帰国の際、大坂から有馬へ立ち寄り、病気でもないのに三日間入湯した。そのとき三人の湯女を身請けして姫路へ召し連れた。

④それ以前、姫路城下の有徳の町人の妻を城中へ引き入れ戻さなかった。そのため夫が京都町奉行へ訴えたところ、かえってその夫を召し捕らえてしまった。
⑤一昨年の八月、月見の際には、気の合う大名数名を私宅へ招き、酒宴乱舞の上、十六人持ちの台に大山をこしらえて、すすきに月が出ている景色を造って宴席へ持ち込み、酒宴の最中に政岑が手を打つと、その山が二つに割れて金銀のかんざしで天女を装った踊り子十二人が飛び出して、あられない乱舞を戯れた。
⑥幕府旗本など数人を自宅へ招き、自ら豊後節の弾き語りを聞かせたあと、お気鬱のときはいつでもお聞かせしようと言った。
⑦北国の遊里で歌舞伎の「矢の根五郎」の真似をたびたび行った。

これはあくまでもお話しで、どこまでが本当でどこからが嘘なのか、今となってはよく分からないことがたくさん書かれています。今私たちが持っている榊原政岑のイメージも、こういうところから来ている面が多分にありそうです。

では本当の政岑はいったいどういう人物だったのか。榊原家の言い伝えでは諸芸に通じて芸能に達者な人であったといわれています。小鳥の絵や銀の印判が残されています。その本質はどういうところにあったのか。信ずるに足る史料を探し出して、読みこんで見なければなりません。

■政岑の家督相続

政岑は旗本榊原家の次男坊として生まれました。普通旗本の庶子として生まれると、兄に息子がいれば、まず一生出番はありません。当時、旗本の次男坊・三男坊は「厄介」とか「部屋住み」と呼ばれ、一生兄たちに食べさせてもらうという立場でした。そんな旗本の次男坊だった政岑が、大名榊原家を相続するまでにはどのような道筋があったのでしょうか。

榊原家の家譜（「榊原家譜」、高田図書館所蔵「榊原文書」）によるとこうです。

六代目榊原政邦は、将軍吉宗に「幕府創業の功臣の一つである大須賀家は今どうなっているのか」と聞かれ、旗本榊原家の次男・勝岑（のちの政岑）を自分の養子にして、断絶していた大須賀家を再興させようと考えた。勝岑に大須賀五郎三郎高胤と名乗らせて榊原家の中屋敷で養育していた。ところが勝岑の兄勝久が旗本榊原家を継いでわずか一年で亡くなったので、急きょ勝岑が旗本榊原家を継ぐことになった。ところがその翌年、今度は大名榊原家の榊原政祐（政邦の子）が重病に陥った。そこで旗本榊原家を継いだ勝岑を大名榊原家に呼び戻し、政祐の末期養子にして八代目を継がせることになった。

こうして、政岑は旗本の次男坊の立場から、あっという間に大名になりました。そういう意味では非常に運の強い人だったといえるでしょうが、そんな境遇の激変に心身がついていかなかったのかもしれません。

政祐が死去する三日前、享保十七年（一七三二）八月二十六日、末期養子となった政岑に対する遺言を認めています（榊原家所蔵・公益財団法人旧高田藩和親会管理「榊原家史料」）。そのなかに「家来共撫育専要ニ候、尤自分之慎第一ニ候」（家来たちをかわいがってやってください。もとより、あなた自身の慎みが一番大事です）という一文があります。政祐の人を見る眼が鋭かったのか、あるいは、政岑にはすでにこのころから「おや？」というところがあったのかわかりませんが、この政祐の心配は、現実のものとなっていくわけです。

■榊原政邦の信任厚かった太田原儀兵衛

今日のお話しのもう一人の主役は太田原儀兵衛という、榊原家の家臣です。

太田原儀兵衛は、村上から姫路へ返り咲きとなった六代榊原政邦の信頼が厚かった家臣です。最初に出てくる名前は万水、万水の子が儀兵衛、その子が又五郎といいます。万水は最初、旗本榊原勝直の家来でしたが、勝直の息子政邦が大名榊原家の六代目を継ぐことになったので、政邦と共に大名榊原家にやって来たと考えられます。ですから太田原家は政邦に非常に信頼されているわけです。さらに万水の娘は政邦の側室となり、二人のあいだに生まれたのが七代目政祐でした。すなわち太田原家は七代目藩主の母の実家にも当たるのです。（この七代目政祐の母である実相院の墓は姫路の増位山随願寺にあり、地元ではこの墓に参ると女性の病気に霊験があるといわれています）。

系図2　太田原家系図

太田原万水（儀兵衛孝廣カ）┬儀兵衛（初め又吉郎）孝成――又五郎重高
　　　　　　　　　　　　　└女
　　　　　　　　　　　　　　├政祐
　　　　　　　　　　　榊原政邦

このように太田原家は政邦・政祐の代に信頼を得て取り立てられていき、城代まで上り詰め、石高も三百石ぐらいまで上がっていきます。重く用いられていた家来の一人だったということになるかと思います。

太田原儀兵衛の立ち退き

さて、その太田原儀兵衛が、政岑に対して提出した諫表（諫め状）が存在しています。実物は現存しませんが、その諫表の写しが、榊原家の家譜への引用や榊原家十二代政養《まさきよ》の蔵書（榊原家所蔵・公益財団法人旧高田藩和親会管理「榊原家史料」）として残っています。こういうものが残るのは珍しいと思うのですが、後世への戒めとして読み継がれたものと考えてよいでしょう。
当然、これまでもこの諫め状の存在は知られていました。しかし、この諫め状だけでは、どういう背景があるのかわからなかったものですから、どこまで本当のことが書いてあるのか信じがたい面もありました。近年、榊原家の「藩日記」（上越市立高田図書館所蔵「榊原文書」）を丁寧に調査したところ、太田原儀兵衛が出奔して姫路城下を立ち退いた一件の記述がみつかりました。この藩日記の記述が諫表提出を裏付けることから、この諫表もまた信じうる内容であるとわかってきたのです。

史料1　「藩日記」〈享保十九年（一七三四）二月三日条〉
太田原又五郎好身之面々、口上書を以申上候者、又五郎儀夜前立退申候、依之御届申上候、於拙者共迷惑至極、恐入奉存候段申上、被遊　御承知、

享保十九年（一七三四）二月三日の夜明け前、東御屋敷（今の姫路市立動物園の辺り）の隣の大きな屋敷に住んでいた太田原儀兵衛とその息子又五郎、そして儀兵衛の父万水の太田原一家三代がそろって姫路城下を立ち退いたというのです。政邦・政祐に信頼されて重用された太田原家の立ち退きとはただごとではありません。政岑が榊原家の本家を継いでまだ一年半、参

勤で江戸から姫路に初めて入ってからまだ半年余りしか経っていないころのことです。

どうやら太田原儀兵衛は政岑に対して不満があり、それで立ち退いたようです。諫表に付属する添え状には、政岑から使いが来て、穏便に帰参するよう繰り返し諭すようすや、諫表をしたためて「なにとぞこれを家老たちに見てもらってください」と使いに託したいきさつが書かれています。

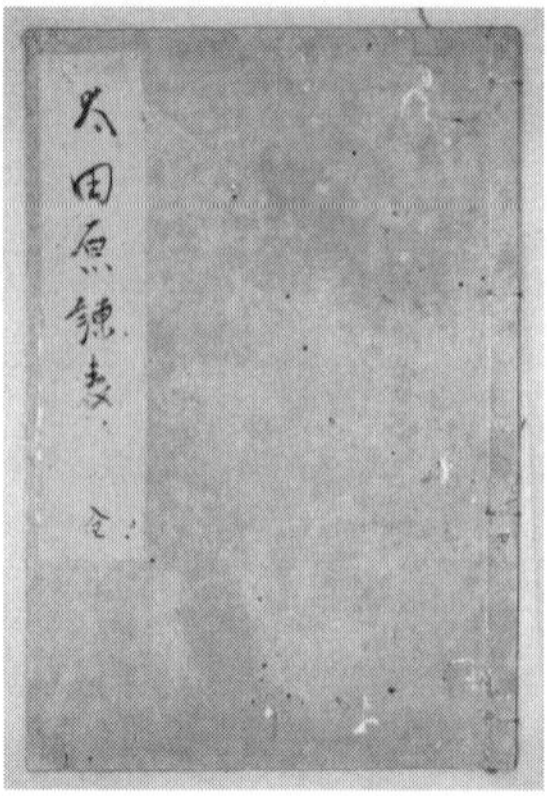

太田原諫表

その諫め状と添状の日付が四月五日ですから、姫路城下を立ち退いてからおよそ二カ月がたつころです。この年の六月には政岑はまた江戸へ参勤しないといけないことになっていますから、そろそろ決着をつけなければなりません。儀兵衛たちに残された時間はもうあまりなかったと言えます。この二カ月の間に、いろいろなやり取りがあったのでしょうが事態は収拾されず、結果として諫表を提出することになったものと思われます。

■儀兵衛の言い分

太田原儀兵衛は諫表によって何を伝えたかったのでしょうか。諫表には、政岑の不行跡について述べている部分があります。不行跡とは、立場をわきまえない良くない行いのことです。

史料2「太田原諫表」部分1

先可申上候者、一番ニ市之橋御私宅之儀ニ御座候、東御屋敷さへ広過御事ニ奉存候、然ニ御欲ニ御任せ御奢長過之御義以之外之義奉存候、（中略）御人君様之上別而御不行跡の御事ニ御座候処、只今之御勝手一通り之御不勝手抔と申義ニてハ不奉承知、御家之御存亡も掛り候程と申御時節ニ而（後略）

要約すれば、非常に財政が逼迫しているこの時期に、すでに東屋敷があるにも関わらず市之橋に新しく私邸をつくるのはいかがなものでしょうか、というのです。市之橋の屋敷とはすなわち西屋敷、現在の好古園に比定できます。また、つぎのようにも書かれます。

史料3「太田原諫表」部分2

第二番ニ者御衣服、女服之様なる者被為召候御事、御不行跡之御義ニ奉存候（中略）況女服之様成る物被為召候与申義御身を御汚し被遊候与申物ニて御座候、御貴人様之御心ニヶ様之下品成御物数寄趣向可有御座候事共不奉存候、畢竟御年若之自分悪敷所江御遊行被遊

御身ヲ被為汚候御癖御止不被遊候故与奉存候

女性のような服を着るのはやめてください。それはあなたが若いころから悪い所（遊郭）へ行って遊んでいるからではないですか。しかもあなたはそれを藩主になった今もやめていないではないですか。

ここでいう女性のような服を着るというのは、女装をするということではなく、着物の上から女性が着るような非常に華やかな服を羽織って出歩くというイメージでしょうか。ちょっと時代が違いますが、歌舞伎者のような格好だったのでしょう。儀兵衛はさらに続けます。

史料4　「太田原諫表」部分3

其衣食住三ツ之内ニ者御食料等之儀ハ外江顕不申事故御沙汰も広く無御座候哉、御普請と御衣服之義ハ表江附候事明らかに御座候故、国中之取沙汰計ニも無御座候、姫路之義ハ往還の街故諸国江も早速相知申候、此度備前江罷越候ても御沙汰相聞申候、其外江参候而も同前ニ御座候、右之沙汰姫路にて承候と申沙汰も多くハ大坂ニて及参候処ニ相聞申候、左候得者、江戸・上方なとハ不及申、長崎辺又ハ奥州之果迄も可有御座義与奉存候、あなたの不行跡は播磨の国内で噂になっているだけではありません。姫路は山陽道の重要な場所で人がたくさん出入りするところですから、すぐにそういうことは外へ聞こえてしまいます。私がこの前備前岡山へ行ったときにもそういう噂を町で聞きました。その他へ行っても同じことです。どこに行ってもあなたの噂を聞きます。大坂でもよく聞きます。江戸・上方などは言うまでもなく、あなたの不行跡は西は長崎、北は奥州までも噂になっているのです。

市之橋の屋敷のこと、女性のような着物を羽織ること、そして、それらの不行跡がすでに世間に知られてしまっていることを指摘した上で、儀兵衛は次のように続けています。

史料5　「太田原諫表」部分4

古今唯人か過失無御座人可有御座候哉、賢愚之分は過失を改候と不改との二つにて御座候、（中略）当殿様ニ者御聡明ニ被成御座候故、人々諫を御聞被遊候事を御好不被遊候与申由承知仕候、智ハ諫を拒むに足る与申物、古より聡明とハ不申、却って下器と申候（後略）

古来、失敗がない人などいません。賢愚を分けるのは失敗を改めるか改めないかによるのです。当殿様（政岑）が聡明であらせられ、そのために、人のいましめを聞くことを好まないということは承知しています。しかしそれは、本当の聡明とはいえず、じつは器が小さいのです。

儀兵衛は、このように政岑の聡明さを認めながらも、それが大名としての器とはならないことを指摘しています。

つまり政岑は、不行跡の多い、つまり大名としては多分に問題の多い側面と、いろいろなことが器用にできる頭のいい青年という二つの面を同時に持ち合わせた人だったようです。儀兵衛の諫表はさらにするどく政岑の弱点を突きつつ、政岑の周辺の人々にも矛先を向けています。

史料6　「太田原諫表」部分5

当殿様御事御大量ニ被成御座候与奉称候由、益承り讒諂面諛《ざんてんめんゆ》何者之申出候事ニ御座候哉、（中略）私共奉存候ハ（中略）甚以御小量至極ニ奉存候、大成器量と申物ハ何程之物を入候而も溢不申事ニ御座候、乍恐当殿様ニハ千石之御家督御相続被遊候得者、早御溢被遊候而、（中略）其後拾五万石之御録ニ相成被遊候得者、早大ニ御余御溢被遊（中略）、当上様なとハ誠に御大量之御儀奉存候、最初三千石御取被遊候而少も御余御溢不被遊由（中略）天下取御居り被遊候而もやはり三千石之通被遊候由、天下を入候而も御余御溢不被遊（後略）

あなたのことを器量が大きいすばらしい殿様だと言う人がいることを、私は知っています。

そういう人たちは「讒諂面諛」、つまり媚びへつらっているのです。あなたは私が見るかぎり、非常に器量の小さい人です。器量が大きいというのは、どんなものを入れても中身が溢れないことを言うのです。あなた様は旗本の千石を継いだらすぐに溢れてしまったではないですか。そのあと十五万石を継いだら大いに溢れてしまったではないですか。上様（将軍吉宗）などは非常に器量の大きい人で、三千石になったときもそれから天下取りになっても一向に溢れず、昔のままにされているではないですか。それなのにあなたはどうですか。

どうやら儀兵衛は、政岑の周りを固める勢力にも不満を持っているようです。

史料7　「太田原諫表」部分6

何事も下之口を存分ニ為御開被遊御諫を御容被遊候御事にて無御座候而ハ国家之御大任ハ御勤被遊かたき儀与奉存候、（中略）、上に御立被遊候てハ御一分之聡明を御捨被遊、下之不知不才之者ニも愚成事をも存分ニ口を開き候而御諫申上候様被遊候儀御専用之御事ニ奉存候、（中略）

下の者たちが言うことに存分に耳を傾けなければ国家の大任は務めがたいものです。自分は頭がいいから人の言うことを聞かないというのではなくて、どんなに自分の頭がよくてもそのことは隠しておいて、下の者たちの言うことによくよく耳を傾けてくださること、それがあなたの役目ではないですか。

儀兵衛は、政岑の周りから人を排除して、自分の言葉を聞いてもらいたいと訴えているようです。諫表の最後は次のように締めくくられます。

史料8 「太田原諫表」部分7

右申上候趣万一御心得被遊被下置候ハヾ、誠ニ本望至極、其上ハ罷帰り御直ニ段々申上候様ニ被為召候ハ、先罷帰り候而段々心底愚盲之寸志をも相尽申度、宿願無他事罷在候、右申上候一両件之御過失之品早々御改被遊候御事遠境まて御沙汰奉承知度偏ニ朝暮奉願上候斗御座候儀、以恐多仕合死罪、頓首恐惶、敬白

四月五日　　太田原儀兵衛

御近習中

これまで申し上げたことについて、万一あなたがお考えを改めていただけるというのであれば本望です。そうであれば戻ってじかにお話をいたしたく、さらに申し上げたいことはそのときに話をさせていただきたいという宿願の他にはありません。西屋敷のことと女性のような着

物を着ること、この二つの件を直したと、自分たちがいる場所に聞こえてきますように朝も暮れも願っています。恐れながらも死罪に当たります。

少し長くなりましたが、太田原儀兵衛の諫表の一部を紹介してきました。

私たちは、その後の政岑の隠居謹慎の結末を知っていますから、それを前提にこの諫表を読むと、あまりに出来すぎた内容のように思えてしまいます。あるいは政岑の隠居謹慎のあと創作されたものでは？　と勘繰りたくなってしまいます。しかし、この諫表は、榊原政岑が姫路の大名になったばかりのころに現実に書き記されたもので、後の創作ではありません。

儀兵衛の諫表からわかるように、政岑が大名榊原家を継いでまだ間もないころから、その不行跡は明らかになりつつありました。就任直後から城下に大きな屋敷の建築を始めたり、女性のような着物を羽織って外を出歩いたり、遊郭通いを止めなかったり、政岑の行動は大名としては問題があるものでした。

政岑は、藩主就任から九年後、寛保元年の十月十三日に幕府から隠居謹慎を命じられる事になりますが、このときになって初めてその不行跡が明らかになったわけではなかったのです。藩主就任当初から、政岑には不行跡の影が付きまとっていたと言えるでしょう。あとで触れる高尾太夫の落籍一件だけが政岑を隠居謹慎に追い込んだのではないのです。

さて儀兵衛は、政岑の不行跡を正さなければならないという一念だけでこの諫表を出したのでしょうか。私はちょっと違う面もあると思います。

太田原家は、政邦に従って大名榊原家の家臣となり、万水・儀兵衛・又五郎と三代にわたって政邦・政祐の信頼を得ていた上、政祐の母の実家でもありました。その太田原家が政岑の代になって、どうやら藩政の中心から疎外され始めました。儀兵衛からすれば心穏やかではありません。七代政祐が達者であれば、太田原家は殿様の外祖父の家です。ところが、政岑の代になって讒諂面諛の人々が太田原家をおとしめているのではないか。だから政岑と直接会ってそのことについてしっかり話をしたいので出奔した、そういうことではないかと思います。

どうやら、家中にはびこる「讒諂面諛」の人々と、太田原家との対立こそが、この事件の本質だったのではないでしょうか。つまり、政岑が家督相続をしたことによってもたらされた家臣団内の対立の構図が、この諫表から見えてくるように思われるのです。

この諫表提出の一件は、政岑に対する諫言という意味以上に、太田原家の武士としての面目の問題をはらんだ事件だったのではないかと読み解くこともできるのです。

■太田原儀兵衛のゆくえ

さてこの太田原儀兵衛、このあとどうなったと思いますか。果たして政岑は太田原の意見を聞いて不行跡を改めたのでしょうか。

結論から言うと、政岑が太田原儀兵衛の諫表に目を通した形跡はありません。いや、政岑は見たかもしれませんが、その心には届かなかったものと思われます。諫表提出後の太田原儀兵衛一家のゆくえを知る手がかりを「藩日記」のなかに、見つけることができました。

史料9　「藩日記」〈享保十九年十月十二日条〉

太田原儀兵衛上り屋敷竹尾隼人移替候様被　仰付、隼人屋敷富塚久右衛門ニ被下之

四月五日に諫表を提出してからおよそ六カ月後の記事です。東屋敷の前にあった太田原儀兵衛の屋敷は藩に没収されていて、竹尾隼人にその屋敷を下され、竹尾の屋敷は富塚久右衛門に下された、とあります。つまり出奔した太田原家はそのまま姫路を離れ、結局この屋敷に戻ることは二度となかったということになります。さらに、つぎのような記録も見つかりました。

史料10　「切符方先祖書　続篇」巻五を上

拾人扶持

儀兵衛孝茂倅
太田原又五郎重高

一、元文元年（一七三六）、辰十月廿六日、祖父万水老年ニ罷成候付拾人扶持被下置被　召出、万水大坂より引越候様被　仰付候

榊原家の先祖書という史料です（高田図書館所蔵「榊原文書」）。ここに儀兵衛の息子である「太田原又五郎重高」の名前がありました。出奔前は三百石程度あった禄高は十人扶持という、ものすごく小さな禄高となっています。太田原家の人たちは姫路を離れて大坂で暮らしていたようですが、何年か経って、万水とその孫の又五郎が榊原家に呼び戻されたことが分かります。しかし、ここには諫表を認めた儀兵衛自身の名前が出てきません。この間に亡くなってしまったのか、あるいは何かしらの処分を受けたのか、それはわかりません。

■高尾太夫の落籍と隠居

さて、もう一方の当事者である政岑の立場から、この一件を考えてみましょう。藩主に就任して間もない政岑にとってこの太田原儀兵衛の諫表一件は、非常に難しい事件だったはずです。下手をすると榊原家の家中がまっぷたつに割れて喧嘩をしだすかもしれず、それが御家騒動に発展して大きな騒ぎになってしまえば、榊原家の改易も考えられます。それを政岑は表ざたにすることなく、うまく処理したといえるでしょう。その意味では、政岑の政権基盤はしっかりしていた、政岑は他の家臣たちの心をつかんでいたとも考えられるでしょう。

ところが七年半のち、再び政岑の周りで大きな事件が起こります。それが江戸吉原の三浦屋の遊女高尾太夫をめぐる事件です。

じつは、この高尾太夫を巡る一連の騒動についても、榊原家の記録には何も残っていません。榊原家の記録をどんなにめくっても高尾という名前は出てこないのです。けれども高尾という遊女がいたことは疑いようがありませんし、政岑がそれを身請けしたことも間違いありません。そして、この事件がひきがねとなって、政岑が隠居謹慎を命じられたことも推測に難くはありません。

江戸時代の戯作者山東京伝が著した『燕石十種』という本には、「高尾考」という小論が収めてあります。そこには、事件の顛末が次のように書いてあります。

史料11 「高尾考」（抄出）

寛保元年榊原式部太輔令身請遊女高尾而出淫廓日作大門外内外于盛砂而行粧美也、士跡乗而迎于宅松平和泉守・松平左衛門佐為待受而祝之宴于焉

新吉原五十間道小田原屋又兵衛といふものは三浦屋遠縁のもの也、榊原高尾身請証文を今におさむ、余一覧して写しとりぬ、文左のごとし

身請証文之事

一、貴殿抱の高尾と申傾城未年季之内に御座候処、我等娘分に貰請度申入候得ば承引被致、則樽代金差出し我等娘分に貰請申所実正也、尤右之高尾諸親類共に引受少し

も如在に致申間敷候、若不縁にて其元へ相もどし候ハヾ、右之女子金子弐百両相付衣類手道具相そへ貴殿方へ相返し可申候、其時異義申間敷候、

一、御公儀御法度に被為仰付候通、江戸御町中は中に不及、於脇之料理茶屋并に道中はたご屋総て遊女商売が間敷所にかたく差置申間敷候、若右様之処に差置申候はゞ御公儀様へ被仰上何分にも仕置可有候、為後日之女貰証文仍如件

寛保元年酉六月四日　日本橋南桧物町

貰主　　久兵衛◯

揚屋町和泉屋

請人　　清　六◯

按に十代目高尾十九歳の時身うけせられしといふ説は非なり、この高尾享保二十年太夫となり七年をへて寛保元年六月四日榊原侯の身請によりて出廓す町人の名前にて身請せられしと覚ふ

享和三年癸亥秋九月　　　京田記

要約すると、寛保元年（一七四一）、榊原政岑は吉原の門の外に大きな盛砂をつくってにぎにぎしく装って高尾を身請けした。幕府の老中の息子である松平和泉守・松平左衛門佐の二人

も吉原の門へ迎えに行き、その後、祝宴を張った。新吉原五十間道の小田原屋又兵衛という者は三浦屋遠縁の者で、榊原高尾身請証文を持っていたのでこれを写した、といいます。身請け料は二百両となっています。

三浦屋の太夫（一番位の高い遊女）は代々高尾といいますが、榊原の高尾は十代目だと言います。「高尾考」によると、寛保元年（一七四一）六月四日、十代目高尾太夫が落籍されていますが、このことは藩日記や榊原家の記録にはまったく出てきません。ただ、「藩日記」には、六月五日・六日の両日、政岑が中屋敷へ行って夜中に戻ったと記されています。この記述から、どうやら高尾太夫が中屋敷にいるらしいことがわかります。

面白いことに、そのほんの数日後、将軍吉宗が榊原家の上屋敷へ御成《おなり》していることが藩日記に記されています。このときに吉宗が政岑と何を話したかまったくわかりませんが、もしかしたら吉宗は高尾太夫の一件に触れ、今後のことを何かしら示唆したかもしれません。

その後、隠居謹慎までの流れを整理しておきましょう。

六月十三日には、参勤交代で姫路へ下る事が許され、さらに六月十五日、姫路へ下る途中で日光へ参ることを願い出て許可されています。六月十九日、江戸を出発。日光東照宮へ参り、それから初代の康政の墓がある館林で墓参りというルートで、中山道を通って姫路へ向かい七月十五日、姫路に到着しました。このとき高尾太夫も一緒だったと伝えられています。

九月十六日、月番老中松平信祝《のぶとき》から呼び出しがあり、江戸藩邸の留守居に老中奉書が渡されました。榊原家の江戸の留守居の連中は非常に慌てたようで、姫路へ二人の使者を立てて奉書を送りました。

九月二十一日、老中奉書が姫路に到着しました。御用があるので参府すること、供回りは少なくせよ。つまり政岑に対して江戸に出てこいという命令です。「供回りは少なくせよ」というのは、普段の大名行列ではなくてごく少ない家来だけを連れて江戸へ出てきなさい、つまり武力を伴うなということでしょう。自分が何らかの疑いをかけられていることはすぐにわかったでしょう。七月十五日に姫路に到着してから九月二十一日までのこの二カ月が、高尾太夫と政岑にとってはわずかな至福の時間だったかと思います。

九月二十六日、政岑が江戸に向けて出発。十月十二日、江戸に到着しましたが、政岑は痔が痛み出血がひどいということで自ら江戸城へ挨拶に行かずに、親戚の人たちが挨拶に行きました。このときにすでに政岑は何かしらの御沙汰があることを覚悟して遠慮したのではないかと考えられています。

十月十三日、江戸に着いた翌日、吉宗の命によって隠居謹慎を命じられました。この間、尾崎某が幕府に弁明して罪を軽くしてもらおうとしたという、よく言われる話は榊原家の記録にはまったく残っていません。榊原家の記録では、あくまでも突然、不行跡により隠居謹慎を申し渡すと言われたことになっています。

榊原政岑は隠居謹慎を命じられたあと、隠居するにあたって家来たちへ、まだ幼い息子、小平太を頼むという十七日付の文書を残し、中屋敷に隠居謹慎をしました。屋敷の窓は全部塞がれ門の扉は閉じられました。

そして政岑の嫡子小平太（政永）に高田（現・新潟県上越市）への転封が言い渡され、翌寛保二年（一七四二）四月に、政岑もまた高田に移りました。江戸から高田に政岑が移る際、罪人を乗せる青竹で編んだ駕籠（青乗物）に乗せられていったと伝えられています。つまり罪人扱いでした。

政岑の妻たちですが、正室は松平大和守基知の娘で久といいました。嫁いで間もなく女の子を生み、やがて亡くなりました。

榊原家の家譜によれば、政岑には、この正室のほかに三人の側室（妾）がいました。一人目の側室は谷口氏という人で、京都娼女、つまり京都の遊女であると書かれています。二人目の坂田氏も京都娼女でした。三人目は名前がなく蓮昌院という法号のみが書かれています。これが高尾だとされます。ですから、政岑の三人の側室は、高尾も含めてみんな遊女の出身だったということになります。

いっぽう、政岑のほうは寛保二年（一七四二）四月十一日に高田に移り、翌年の二月十九日

榊原政岑の墓碑（上越市・林泉寺）

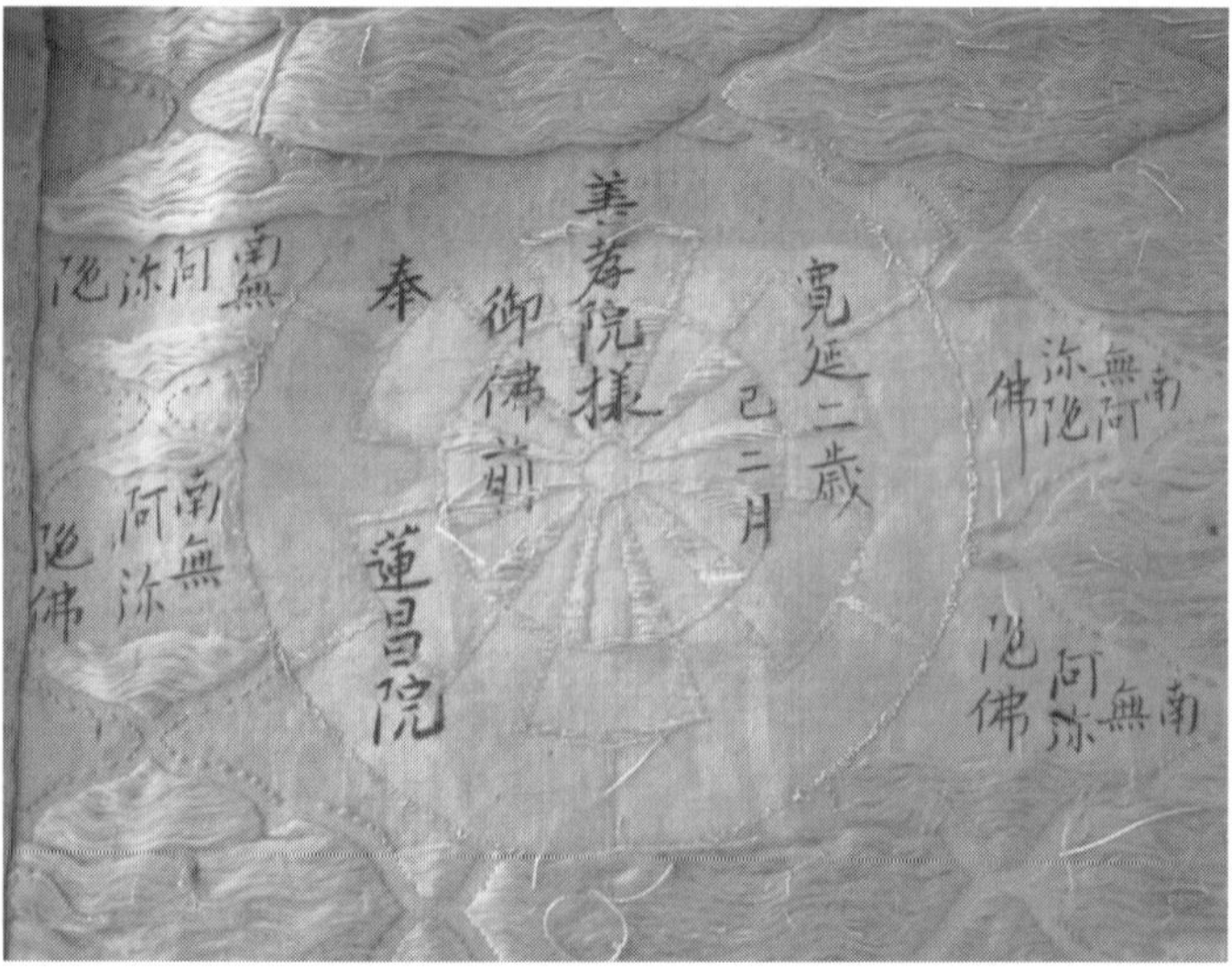

蓮昌院（高尾）が政岑の七回忌に寄進した打敷

にまだ二十九歳の若さで亡くなってしまいました。高田で暮らしてわずか十カ月のことでした。高尾にみとられて逝ったと考えられます。政岑は、上杉謙信が勉強をした寺として有名な春日山林泉寺（上越市中門前）に葬られました。その境内の奥深くに墓碑があります。墓には近年になるまで網がかけられていたと聞いています。法名は善教院殿厭誉離憶栄欣大居士。

この、林泉寺に一枚の打敷（寺社の卓に掛ける布）が残されています。色褪せてはいますが一面に榊原家の家紋である源氏車が刺繍された絢爛豪華な打敷です。あるとき、お寺の方がこの刺繍の下に墨書があるのを発見されました。一面の刺繍の下には「寛延二歳（一七四九）己二月　善教院様　御仏前　奉蓮昌院」と書かれていたのです。政岑の七回忌、高尾は政岑の菩提を弔うため、自らが字を書き、その上に刺繍を施した打敷を林泉寺に寄進していたのです。

蓮昌院、すなわち高尾は、六十代後半まで長生きし、天明九年（一七八九）に亡くなっています。最後まで榊原家の人として大切に処遇されたということです。

高尾の墓は東京池袋、清慶山本立寺（豊島区南池袋）にあります。今でも芸能関係のかたがお参りに来るのだそうです。

■まとめ

榊原政岑という大名は、高尾太夫の存在と相俟って、私にとってとても魅力的な人物です。

政岑は器量（いいところ）と不器量（優れていないところ）の両面を持つ藩主だったと私は考えています。

太田原儀兵衛の武士の面目をかけた諫表は、ついに政岑の心には届きませんでした。政岑の立場からすれば、御家騒動にまで発展しかねなかった儀兵衛の出奔を表面化させずに処理できたということでもあり、この辺は優れた手腕があったといえるかもしれません。

しかし、七年半後の寛保元年（一七四一）、政岑は不行跡を理由に隠居謹慎を命じられることになります。藩主就任当初から積み上げられた不行跡が、高尾落籍がひきがねとなって、表面化したのではないかと考えています。

結果として、太田原儀兵衛は七年半も前に政岑の処分を予言していたことになってしまいました。榊原家に戻った太田原又五郎（のち儀兵衛に改める）は、のちに謀らずも忠義の藩士として、禄高も元に戻されました。その諫表は、代々藩主が読み継ぐことになり、家譜にも収録されるわけです。太田原儀兵衛の名誉は回復され、その面目も施されたといえるでしょう。

《付記》本講議内容は、福田千鶴編『新選　御家騒動』下（新人物往来社、二〇〇七年）に収録された拙稿「榊原騒動―榊原政岑の不行跡」の内容を簡略化し再構成したものです。

「越後騒動」とび火

松平直矩、再度の不運

福田千鶴

■はじめに

越後騒動とは、越後高田（新潟県上越市）松平家二十五万石に生じた家中騒動のことで、家老の小栗美作派と荻田主馬派とに家中が分かれて対立し、延宝九年（一六八一）六月に五代将軍徳川綱吉の御前公事（親裁）をうけて松平家が改易、家中も両成敗となった事件です。この騒動の調停に播磨姫路十五万石の松平直矩（大和守）が親族の立場で深くかかわったために、直矩も「閉門」の処罰をうけ、さらに豊後日田七万石に減転封となってしまう不運に見舞われます。

松平直矩は明暦二年（一六五六）より元禄七年（一六九四）までの三十八年間の自筆日記を残しており、「大和守日記」として知られていましたが、残念なことに自筆日記は戦災で焼失してしまいました。ただ、若月本（山口大学付属図書館紫蘭文庫所蔵）と五十嵐本（北方文化博物館五十嵐文庫）の二系統の写本が残されており、とくに後者には越後関係記事が抄録されているため、越後騒動に関しても詳しく知ることができます。本日の話もこの「大和守日記」に多く依拠しています。

■松平直矩の人物像

松平直矩に関しては、地元でもあまり評判がよくないとお聞きしました。戦前に「大和守日記」の自筆原本をみた福井保氏は、直矩は「多彩和歌に長じ絵画を善くす」と評価しながらも、「政治にかんばしからざるが如く」であったため、姫路→村上→姫路→日田→山形→白河というように領地を何度も移ることになったと、政治家としての直矩には良い評価を与えていません。

一方、「大和守日記」を翻刻した朝倉治彦氏は、直矩は越後事件・演劇・鷹狩・文芸などにわたる記録を残しており、「芝居好きであるが、異常というわけではない」と指摘しています。「大和守日記」をみますと、確かに演劇関係の記事が多いのですが、文体は和漢文の立派な文章で書かれています。

直矩の人物を知る良いエピソードがあります。寛文六年（一六六六）十月二十五日のことです。江戸詰めの家来が気詰りだろうということで、直矩は上屋敷で操り（人形浄瑠璃）を演じさせて家来に見物させました。その際にも、「ゆるゆると見物たるべし」と言い渡して直矩自身は脇正面で見物したそうです。ここには、家中の労をねぎらう風流な殿様という姿がうかんできます。

直矩は姫路から村上に移り、また姫路に戻ります。しかし、最初の移封は直矩の父松平直基が死去したことが原因です。慶安元年（一六四八）六月十四日に直基は出羽山形十五万石から播磨姫路十五万石に移され、その二か月後の八月十五日に急死します。四十五歳でした。このとき、直矩は七歳でしたから、幼少の者に姫路は預けられないということで、翌慶安二年六月九日に越後村上に移されました。直矩は江戸から直接、村上に入部していますから、一度も姫路の地を訪れていません。つまり、最初の姫路拝領は、ほとんど実態を伴わなかったといってよいでしょう。

直矩のかわりに姫路を拝領したのは、榊原忠次です。その忠次が、寛文五年（一六六五）三月二十九日に六十一歳で没すると、子の政房が家督を継ぎましたが、二年後の寛文七年五月二十四日に二十四歳で早世してしまいます。子の政倫はまだ三歳でしたから、やはり幼少の者に姫路は預けられないということで越後村上に移されました。こうして同年六月十九日に直矩が再び姫路を拝領することになるのです。このとき、二十六歳でした。

直矩を姫路に移すにあたっては、直矩が「神妙」であり、将軍家綱が「心安く思召」していることに加えて、「筋目」があるからと将軍の上意が伝えられました。直矩が大老の酒井忠清邸に礼に出向くと、忠清は「筋目などを吟味すれば、また他にも（筋目のある人が）あるのだろうが、年若にて結構なる地を命じられたことは御手柄」と直矩に耳打ちしたそうです。確かに、池田や本多など、他にも幼少を理由に姫路から移された大名がいますので、直矩は確かに「御手柄」だったといえるかもしれません。

さらに直矩が保科正之（三代将軍家光の異母弟）のところに出向き、指南を願い出ると、「只今の村上の仕置は宜しいので、（姫路のような）秀でる所を、年若ではあるが直矩に与えられた。そのことをよく考えて、いよいよもって民などの心持をよくするように」と姫路拝領の経緯を伝えられています。

これら幕閣の評価をみると、世間一般に知られている「芸能好きの軟弱な殿様」という直矩のイメージは一面的であるように思えてきます。

■越前松平家

次に、越前松平家の説明をしましょう。越前松平家は、徳川家康の次男結城秀康を始祖とし、長男忠直（越前北の庄六十八万石）を宗家に、次男忠昌（越後高田二十五万石）、三男直政（出雲松江十八万六千石）、四男直基（出羽山形十五万石→播磨姫路）、五男直良（越前大野五万石）に分かれました。その宗家たる忠直が不行跡を理由に元和九年（一六二三）に豊後萩原に配流となり、寛永元年（一六二四）二月十日に子の光長（十歳）が家督を継ぎました。しかし、北国要害の地である越前北の庄を幼少の者では押さえとならないため、同年三月十五日に越後高田二十五万石に移されました。以後、光長が越前松平家の宗家の地位にあることは変わりないのですが、「越後守家」と呼ばれるようになります。また、光長と入れ替わりに、忠直の弟忠昌が越前北の庄四十五万石に移されました。

松平光長の母は徳川秀忠四女勝で、「高田様」と呼ばれました。光長は寛永八年（一六三一）に長門萩の大名毛利秀就の娘土佐と婚姻します。同十年三月十一日には嫡子徳千代（のちの綱賢）が誕生しました。同十三年十二月三日に忠直の長女国が越前福井の松平光通に嫁ぎ、同十六年十二月二十六日忠直の次女稲が伊予宇和島の伊達宗利に嫁ぎます。ですから、毛利・伊達の両氏も、越後守家の親族集団の一員として越後騒動の調停に関わってきます。

忠直は配流先で三子をもうけました。慶安三年（一六五〇）九月十日に忠直が没すると、三子は越後高田に移り、忠直の母方の名字である永見氏を称しました。兄の永見東市正（長頼）は寛文七年（一六六七）に没しますが、子の万徳丸（のちの三河守綱国）が生まれていました。弟は永見大蔵（長良）で、荻田主馬（本繁）と組んで小栗美作（正矩）と対立します。妹の勘は小栗正矩の妻となり、子掃部（のちの大六長治）が生まれました。

越後騒動の原因は色々と考えられますが、直接の発端は延宝二年（一六七四）正月晦日に光長の世嗣綱賢が四十二歳で死去したことにあります。綱賢には子がなく、光長も六十歳の高齢であり、かつ綱賢のほかには男子がいなかったため、ここに養子問題が浮上することになりま

越前松平家家系図

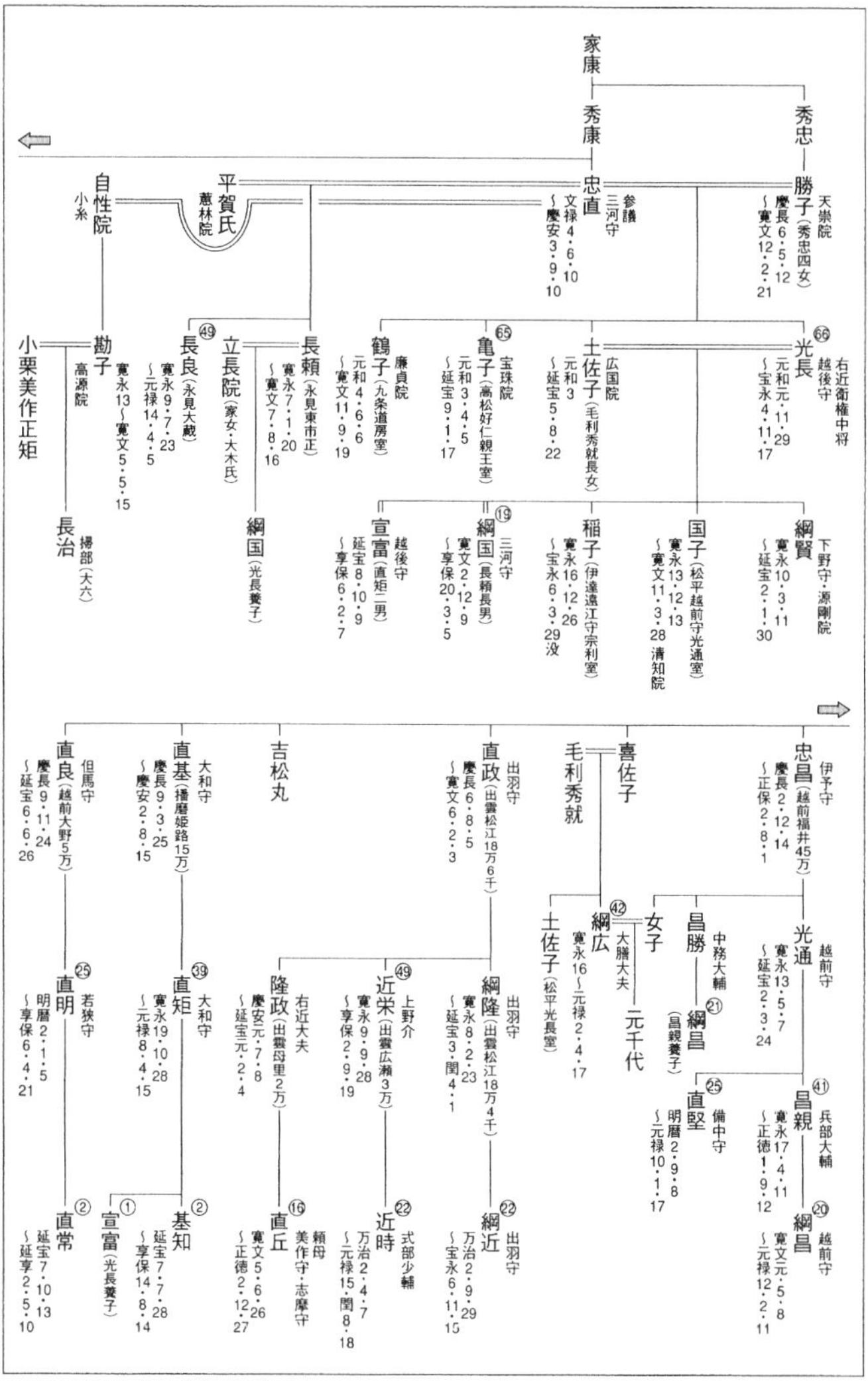

※○内の数字は延宝８年時の年齢

す。この時は次の三人が候補者であったと思われます。
①永見東市正の子万徳丸（光長の甥、十三歳）
②光長の異母弟永見大蔵（三十三歳）
③小栗美作の子掃部（光長の甥、十歳）
武家社会では嫡庶長幼の序という優先順位があり、この秩序が家格を決定します。つまり、長男の家に継ぐべき子がいなければ、次男の家に家督相続権が発生し、次男の家に継ぐべき子がなければ三男の家にという順序で相続権が移っていきます。ですから、長男たる光長に継嗣がいなければ、次男の家、つまり永見東市正の家に相続権が移ります。この段階では長頼は没していますが、次男の家という格式は残りますので、優先順位では万徳丸が次期家督の最有力候補ということになります。こうして、万徳丸が光長の養子に迎えられ、越前松平家の惣領（家督継承者）に位置づけられました。このことが騒動の火種となっていきます。

■越後騒動の勃発

延宝七年正月三日に、越後家中が小栗美作を死罪にするよう光長に訴えます。光長は家中に詫びを入れましたが、家中はこれを納得しなかったため、江戸の幕府老中に指南をうけたうえで、老中の指図次第にすると約束して騒動をひとまず押さえました。しかし、五日になると兵具を固めた家中が「美作を退治する」といって騒動に及び、美作も屋敷に一族・侍を引き入れて立て籠もり、一触即発の事態にまで発展します。

この時、直矩は姫路に在国中でした。正月七日に高田を出た使者が二月三日に姫路に入り、騒動の様子を告げました。続いて、光長や永見大蔵からも書状が届き、騒動の内容の報告をうけています。その主たる内容は、「中将（光長）・三河守（綱国）のために家中が大蔵に誓詞を提出して訴訟した」というもので、「三河守に筋目の者を付けたい」と要望するものでした。後述するように、綱国は美作を支持していましたから、騒動の発端は次期当主となる綱国の周辺から美作方を排除することにあったとわかります。

こうして、三月六日に光長は高田を発して十六日に江戸に到着しました。直矩も四月十八日までに江戸に参府し、たまたま在府中で騒動の調停に当たっていた親族の松平近栄から報告をうけています。その内容は、騒動の原因は美作の「奢り」にあり、光長が甥の掃部に新田五万石を分知するとの「風説」が立ったため、永見大蔵・荻田主馬方の者七〜八百人が騒動をおこし、これに対し、美作への贔屓をやめること、掃部への分知の内存はないことを光長が返答することで、一応の解決をはかったということでした。

さらに、①中立派の片山主水（吉尚）が綱国の守役と国の仕置役を交代で担当すること、②永見大蔵は仕置への関与を無用とするが、光長の連枝（弟）なので心底に存念があっても礼儀をつとめ前々のごとく出入りをすること、③美作は隠居させるが、逼塞ではないので機嫌伺いや目見えなどは遠慮なく出ること、④美作一家が逼塞するのは良くないし、光長にとっても良くないと心得ること、⑤双方とも「御為」を存じてよく慎み、今後は、騒動する方を「逆意」とすること、⑥すべての仕置は家老が担当し、脇からは何事も受けつけず、家老相談とすること、⑦この命令に背けば「公儀」を憚らないものとみなし、厳しい処罰をする。以上が、大老酒井忠清と老中久世広之の内意として伝えられました。

この段階では、家老合議制を徹底させて、美作一人の家老専権による恣意的な政治を排除することが老中内意であることを強調し、幕府公儀の権威によって騒動を収拾させようとしたのです。とくに中立方の片山主水を中心とする新体制により、美作方・主馬方の双方を和順させ、ともに光長の「為」方として位置づけ、以後に騒動する方が「逆意」方になるとして、騒動を鎮静化させようとしました。越後騒動の通説では、美作方を「逆意」方、主馬方を「為」方と位置づけますが、騒動の経緯ではどちらも「逆意」方となる可能性があったことは重要だと思います。とくに主馬方は、以下に述べますように、光長と綱国の「為」といいながら、騒動をまったく収拾させようとはしませんでした。

■鎮まらない家中騒動

六月十九日になると、綱国が親族の伊達宗利を通じ、家督の辞退を意志表明します。その言い分は、「これまで何事も松平近栄の指示に従ってきたが、今度また安藤九郎右衛門のことを家中が色々と言っており、九郎右衛門一人を除けば美作も出仕をしなくなる。今まで主馬方は綱国の意に反する事が多く、美作は慕う事が多いので、美作が松平家にいなくなれば家督を継いでも詮《せん》ないので、家督を断り、少しの合力を光長から得て奉公したい」というものでした。伊達宗利の妻は光長の次女稲ですので、養子の綱国からは義兄・義姉の関係になりますが、稲は「七〜八〇〇人は潰しても、綱国には替えられない」と語り、綱国を贔屓にしています。稲は美作も贔屓にしていたと言われています。

ただし、直矩は綱国を厳しく評価していました。まず、養父光長に対する態度が「非儀非道絶言語」といい、「一門の棟梁に頼みざると存じ候」と不信感を露わにしています。また、他にも綱国の髪型を取りざたしていますが、綱国は当時のかぶき者の影響をうけていたのかもしれません。綱国と安藤九郎右衛門は男色の関係にあったようです。

他方、主馬方も分裂します。物頭以下小知の者二十人が正月に提出した誓詞の返却を永見大蔵に求めましたが、誓紙の返却を反対する一派がおり、そのまま差し置かれるなら連判の大勢は暇をとるか、剃髪して立ち退くと訴訟をする始末でした。これは大蔵の面目を立てて誓詞を取り返した者に逼塞を命じ、大蔵には光長に誓詞を提出させるということで沈静化させようとしますが、家中が和合する様子は一向にみられませんでした。

そのため、直矩は懇意にしていた大老酒井忠清に大老内意を示すように求めます。九月二十五日には、①大蔵を中心とした騒動の鎮静、②荻田主馬は当分江戸に差し止める、③今年は本多監物が国元の仕置を担当する、という趣旨の酒井忠清の書付を直矩が光長の上屋敷に持参して家中に申し渡し、国元にもその旨を伝達するように対面所で申し渡しました。

これへの国元からの返答が十月四日に届きましたが、その内容は「不快ながら光長のためにひとまず請状を提出する」と多賀谷内記と片山主水の書状にあり、荻田主馬の書状には「内心は不快であり、破断は時間の問題」とありました。とくに荻田は、「酒井忠清や渡辺綱貞は他人であるが、直矩は一門なので了見もあると思い従う」と告げ、他人である大老・老中たちが騒動に関わることに不快感を示しています。

しかし、このあとも直矩はなんとか水面下で騒動を収拾させようと努力します。「一門」という自身の立場に一抹の望みを託し、十月八日に自身の意見を記した書付を主馬方の岡島壱岐に渡しましたが、壱岐は「このような書付でも鎮まらないかもしれない」と答えました。ここに至って、とうとう直矩も堪忍袋の緒が切れたようです。ついに、これまで老中たちから勧められながら避けていた「公儀評定」による騒動の解決を決意しました。

十月十日に直矩は大目付の渡辺綱貞を訪ね、主馬方を一門預かりにする案を実行するように伝え、十三日には酒井忠清も交えて、光長に決行を伝えました。しかし、光長は優柔不断であり、この期に及んでも「尤も至極ながら、今少し詮議をお待ちいただきたい。どのようにしてでも鎮めてみますから」と涙ぐみ手を合わせて頼むため、忠清も「左様ならば」と決めあぐねている様子だった。そこで直矩は光長に座をはずさせ、忠清に「公儀の詮議次第」を光長に承知させることを約束し、「公儀評定」を強制執行させます。

延宝七年（一六七九）十月十九日。幕府評定所に主馬方の五人が召喚されました。「公儀評定」とはいいながら、尋問や申し開きがあったわけではなく、将軍の上意として五人の処罰を命じる一方的な決定でした。

まず、大蔵は、主馬一統を鎮めようともせず、光長の在国中は出仕もせず、美作宅に家中を押し寄せさせる騒動を起こした。主馬は一統の者から誓詞をとり、徒党を組んだうえ、江戸到着後も屋敷で密談をした。徒党の罪は武家諸法度にも定められた重罪ですから、大蔵は遠島、主馬以下は切腹であるが、これを許し、大蔵以下の五人を越前松平家の一門に預けるとの旨が「上よりの御事」、つまり将軍の上意として伝えられました。永見大蔵は毛利綱広（長門萩）、荻田主馬は松平綱近（出雲松江）、片山外記は伊達宗利（伊予宇和島）、中根長左衛門は松平綱昌（越前福井）、渡辺九十郎は松平直矩（播磨姫路）に預けられることになり、評定所からそのまま配流先に送り届けられました。

■越後騒動の再審

こうして騒動はひとまず落着しました。この直後から、直矩は越後守家に対して距離を置くようになり、「公儀に対する儀か、何か子細があるときは、一門なので相談にのるが、今後は褒美・役替えなどの善悪についての相談は断る」と光長に申し入れます。つまり、一門中並の談合には加わるが、個人で必要以上に越後守家の内政に関与することを避けようとしました。松平近栄もこれに同調しています。そして、公儀と松平家をつなぐ取次の旗本（「公儀御用申渡役人」）であり、公儀の様子や老中の考えをよく理解している大目付の渡辺綱貞に以後の指南を頼むように指示します。しかし、渡辺も通常の公儀への取次は担当するが、騒動への関与を断ります。同じように酒井忠清も今後は騒動に関与することはできないと伝えてきました。この背景には、将軍に就任したばかりの五代将軍綱吉が、諸大名と老中・旗本が癒着している関係を快く思っておらず、綱紀粛正策を取り始めたことがあります。

松平近栄は、酒井忠清が騒動の調停に関与しないなら、一門中も関与の必要はないと主張しますが、直矩は「雅楽頭（忠清）は公儀に対する役儀から遠慮しているのであるが、当方は一門なので、忠清と同じ理由で断るわけにはいかない」という意見を述べています。こうした態度からは、直矩が自己の立場をよくわきまえて正しい行動をとる人物だったことをみてよいのではないでしょうか。しかも、渡辺綱貞と酒井忠清の指南が得られないのは不安だろうということで、直矩は伊達宗利の縁者である老中稲葉正則に光長の指南をしてくれるよう依頼し、正則の承諾を得ています。

延宝八年（一六八〇）十二月になると酒井忠清が大老の役儀を免じられ、ちょうど同じ頃に越後騒動の再審が始められます。これは先の公儀評定が決したあとも主馬方の家中が脱藩を繰り返して幕府に美作方の排除を訴え続けたからでした。そこで老中稲葉正則を主審とし、評定所に寺社奉行・両町奉行・目付が列座し、小栗美作・岡島壱岐・本多七左衛門の取り調べが行われましたが、親族預かりとなっている五人を江戸に呼び戻して将軍綱吉自らが審議する御前公事が開かれることになりました。

延宝九年六月二十一日に美作・大蔵・主馬の三人が綱吉の面前に召し出され、綱吉自らが三度ずつ尋問を行っています。その結果、表のような処罰に決しています。

越後騒動に関わった双方が処罰されていますが、とくに人々を驚かせたのは、主君の松平光長が領地召し上げとなったことでした。この処罰は、綱吉自身も深く悩み、徳川三家の一人尾張徳川光友に越後守家を改易にすべきかどうかを相談しています。

越後騒動処罰者一覧

月　日	処　罰　者　名	処　罰　内　容
6月22日	◎小栗美作正矩	切腹
	◎小栗大六長治	切腹
	●氷見大蔵長良	八丈島遠島
	●荻田主馬	八丈島遠島
	◎小栗兵庫	伊豆大嶋遠島
	◎小栗十蔵	伊豆大嶋遠島
	◎安藤治左衛門	伊豆大嶋遠島
	語り出家一音	伊豆大嶋遠島
	●岡島壱岐	三宅島遠島
	●本多七左衛門	三宅島遠島
	◎戸川主水(美作異父兄)	陸奥八戸預り
6月23日	●片山外記	豊後臼杵預り
	●中根長左衛門	備中松山預り
	●渡辺九十郎	日向飫肥預り
	△渥美久兵衛＊	追放
	◎林内蔵助	追放
	◎小栗右衛門	追放
	△野本右近＊	追放
	◎安藤平六	追放
6月25日	●本多八太夫(七左衛門嫡子)	備後三次預り
	●本多小膳(七左衛門次男)	摂津三田預り
	◎安藤二郎兵衛(治左衛門子)	但馬豊岡預り
6月26日	○松平光長	伊予松山預り
	○松平綱国	備後福山預り
6月27日	○松平直矩	閉門、天和2年豊後日田7万石へ減転封
	○松平綱近	閉門、天和2年1万5,000石に減封
	□渡辺大隈守綱定	八丈島遠島
	□渡辺半右衛門広綱(嫡子)	陸奥中村預り
	□渡辺安芸守綱高(次男)	飛騨高山預り
	□平岩助右衛門親綱(三男)	下野黒羽預り
6月28日	□久世出雲守重之	逼塞、12月27日赦免
6月29日	□酒井河内守忠明(忠清嫡子)	逼塞、12月27日赦免
	□酒井下野守忠寛(忠清次男)	逼塞、12月27日赦免
7月3日	□永井伊賀守直敬	逼塞
	□酒井日向守忠能(駿河田中、忠清弟)	遠慮、12月10日改易
7月4日	□内藤紀伊守弌信	遠慮
	◎小栗兵庫嫡子～三男	陸奥仙台預り
	◎小栗兵庫四男～七男	肥後熊本預り
	◎小栗十蔵男子2人	陸奥盛岡預り
	◎本多不伯(美作異母兄)	陸奥三春預り
	◎本多監物	追放
不　明	●荻田民部(主馬嫡子)	出雲松江預り
	●荻田粂之助(主馬次男)	出雲松江預り
	◎本多源太左衛門(監物嫡子)	追放
	◎本多伊織(不伯嫡子)	追放
	△片山主水	追放
	△片山式部	追放

表中記号／○：松平家・一門　◎：美作方　●：主馬方　△：中立方　□：幕府関係者
＊の２人は美作方とする説もある

光友の意見は、改易には断固反対というものでした。その理由は次の四点です。
①後松平家は越前松平家の惣領筋である。
②光長の父忠直は大坂の陣で功績があり、徳川三家（尾張・紀伊・水戸）よりも大切とすべき家である。
③騒動は公儀に対する出入りではなく、光長の「不調法」から家中が騒いでいるだけ。
④家中騒動を理由に越後松平家を潰せば、徳川三家に同様の不調法者が出たときにも潰さねばならなくなり、徳川将軍家による天下支配が弱体化する。
光友は綱吉に深く思案するよう求め、越後守家を潰さないのであれば存念はないが、潰すべきと考えればまた存念を申し上げると述べて退出しています。

しかし、綱吉が選んだ結論は、家中両成敗、大名家の改易という、もっとも重い処罰でした。綱吉のこの厳しい決断は、新将軍に就任したばかりであり、将軍権威の絶対性を示さなければならなかったところによるものではないかと思います。というのも、越後騒動の調停の過程では、老中内意→大老内意→将軍（家綱）上意と段階を経て調停案を示しながら、越後家中はまったく鎮静化しませんでした。綱吉は新将軍の権威を示すためにも、騒動を完全に鎮圧する必要があり、それには厳罰主義をとるしか選択肢はなかったのです。しかも、この厳罰は、家中騒動が幕府に露見すると改易になる、という新しい秩序を生み出すことになりました。これ以後、家中騒動が公儀評定に持ち込まれることは稀となる点からも、これは大変重要な政治的な決断だったということになります。

また、綱吉は旗本役人が諸大名の用事に専念し、公用の勤めはかえって疎略にしているとを遺憾に考えているとの上意を示したため、これ以降に諸大名家が頼みとする旗本の多くが公儀への取次をやめるようになりましたが、この粛清策の延長上に越後騒動の再審が行われたため、綱吉は越後騒動において老中・旗本と諸大名が結託して騒動の公儀評定を行い、将軍上意といいながら大名（直矩）の意向に沿った決定を下したことなどを問題視し、越後騒動関係者の処罰を行ったものと思われます。

■直矩の閉門、日田への移封

六月二十七日午中刻（正午頃）に上使土屋直政・坂本重治が直矩邸を訪れ、将軍上意の申し渡しがありました。直矩は小書院に上使を裃姿で迎え、脇指を脇に置いて承っています。その内容は「其方（直矩）は、前方よりこの事（越後騒動）を取扱っていたが、不調法に（将軍が）思し召されたので、閉門を命じる」というものでした。

これに対して、直矩は「越後守の不調法は申し上げる次第もありません。この罪により一類共にどのように命じられても憚りながら尤も至極と存じ奉っておりましたところ、とくに前方の取り扱いが不調法であったことは、どのように命じられても弁明の余地はありませんが、このように命じられましたことは有難い次第です。（将軍への）誓文は（罪人の身からは）慮外なので申し上げません。老中への御請（返答）も遠慮いたします。ご両人まで御高恩を申し上げます」と返答しています。

やや意味が通じにくいかもしれませんが、ここにも直矩の神妙な性格がよく表れていると思います。つまり、「閉門」を命じられた瞬間から直矩は罪人になったわけですから、そのような罪人が将軍に言葉を返すこと自体が失礼（慮外）であり、老中に対しても同様であるので、上使に対してのみ承知した旨の「御請」を申し上げたいと述べて、神妙な態度を示しているのです。

さらに、上使に対しては、「お茶は出せません」と伝えています。これも、「お茶」を出すような接待は罪人には分不相応ということですし、上使の見送りも大書院の入口までとすることを願い出ています。これも「公儀」を憚り、「上」を敬うことからの対応であると説明しています。つまり、「閉門」を命じられた瞬間から、部屋に蟄居する形をとり、見送りはできない、としているのです。上使もこうした直矩の態度を「尤もである」と返答しています。上使が退出すると直矩は料理の間に出向き、家老・番頭・近習・大目付に「閉門」の処罰を「有難い」と告げ、「敬《うやまい》第一」にすること、および「火の用心等を厳重にすること」を命じました。

ところが、家の奥に入りますと、まず息子源之介に「忝い」と伝え、女中たちも涙を流して悦び、娘の幾は長鮑を出して喜びました。直矩は、昨日の段階で国元には遠島を覚悟するようにと伝えていましたが、今日は「悦び」を伝えられると喜び、今朝は子共《ども》への書置に「末々何国にあるとも御恨に存じ奉らず、御奉公するように」としていたのに、と心から「閉門」の処罰で済んだことを喜んでいます。

明けて天和二年（一六八二）二月十日には、伊達宗利・松平綱近・松平近栄が卯刻（朝六時頃）に直矩邸に集合し、同道して堀田正俊邸（旧酒井忠清邸）に赴きました。堀田より「閉門永々故、おゆるし」と伝えられて安堵する間もなく、「不調法により領地召し上げ、高七万石にて豊後日田へ遣わすので、一分相応心一倍の奉公をするように」と領地替えを伝えられました。

帰宅した直矩は閉門を解かれたにもかかわらず、用心深く裏門の框《くるる》戸から屋敷に入り、奥の玄関を通ってまず幾と源之介に会い、長鮑で祝っています。それから表に出て、門を少し開けて、三家・老中・若年寄・側用人牧野の使者は門内に入れるように指示し、居間において重臣に豊後日田への移封を伝え、家中に申し聞かるよう命じています。早速、姫路に早飛脚を送りますが、その内容は七万石相応の人数を書付けて寄こすようにというものでした。十五万石から七万石に減らされたわけですから、家中全員を連れてはいけないということでしょうが、日記からは粛々と移封の準備をすすめる様子がうかがえるだけです。

貞享四年（一六八七）には伊予松島の松平定直に預けられていた光長も罪を許され江戸に戻りました。備後福山の水野勝重に預けられていた綱国も同じく許されましたが、綱国は預け先で精神を病んだらしく、廃嫡されています。そのため、元禄六年（一六九三）には直矩の次男源之介が養子に迎えられ（のちの宣富）、同十年に光長の家督を継ぎ、翌十一年には美作津山十万石を与えられ、以後は幕末まで津山松平家として続くことになります。

■まとめ

松平直矩は越後騒動勃発時に姫路に在国していましたが、その当初から相談をうけ、江戸に参府してからは調停の中心的役割をはたし、とくに老中内意を引き出す過程では黒幕的役割を担いました。ただし、その立場は美作方に偏っていたわけではありません。あくまでも中立的な立場をとっており、主馬方・美作方の双方を「為」方に位置づけ、和順させようと努力しています。

直矩は当時の越前松平一門のなかでリーダー的存在であり、越後家中からも越前松平家一門の親族大名として信頼を置かれていましたが、騒動をやめようとしない主馬方を処罰するために公儀評定に持ち込み、大蔵以下五人の大名預かりを将軍上意として示させました。これがほとんど直矩によって決断されたプランであったことは、すでに述べた通りです。そして、この結果のために、最初から美作と結託していた悪人としての直矩像を生み出したのだと思います。しかし、これも本来は決断を下すべき松平光長が優柔不断であったがために、直矩が強硬な態度をとらざるをえなかったものといえます。つまり、光長が「決められない政治家」だとすれば、直矩は決断力のある「決められる政治家」だったといえるのではないでしょうか。しかも、その判断はそのつどつどにおいて適切でした。

不運だったのは、家綱から綱吉へと時代が移り、政権の担い手も酒井忠清から堀田正俊に変わったことでした。越後騒動の公儀評定後、直矩は親族合議制のもとで親族の一人として対応するように態度を改めますが、時すでに遅く、綱紀粛正・厳罰主義をとる新将軍綱吉のもとで、騒動の調停が「不調法」であったことを理由に閉門となり、さらに減転封という厳しい結果となってしまいました。

にもかかわらず「大和守日記」には、将軍綱吉への不満はまったく書かれておりません。とにかく「閉門」でも有り難いし、上（将軍）を恨んではいけない、ということしか書いておりません。直矩は自らの不運にとらわれず、人生を達観しているようにみえます。

播磨は、歴史上に著名な傑物を多く輩出し、歴史をひもとくに事欠かない豊かな土地柄だと思います。そのなかで、今後はこの演劇好きで風流を好むけれども、政治家としても大変魅力のある松平直矩の見直しをぜひすすめてほしいと思っております。

〔参考文献〕

福田千鶴「幕藩政治史上の越後騒動」（『上越市史研究』三、一九九八年）
同『幕藩制的秩序と御家騒動』、校倉書房、一九九九年
同『酒井忠清』人物叢書二二五、吉川弘文館、二〇〇〇年
同『徳川綱吉　犬を愛護した江戸幕府五代将軍』日本史リブレット人四九、山川出版社、二〇一〇年
『上越市史』通史編四、近世二、上越市、二〇〇四年
朝倉治彦「概説」（『日本庶民文化史料集成』第十二巻芸能記録一、三一書房、一九七七年）
内野豊大「越後騒動　藩政・家臣団の視点を含めた再検討」（福田千鶴編『新選御家騒動』上、新人物往来社、二〇〇七年）
武井協三『若衆歌舞伎・野郎歌舞伎の研究』、八木書店、二〇〇〇年
若月保治『近世初期国劇の研究』、一九四四年

一揆、走る

松平明矩の失政

中元孝迪

■はじめに

「農民一揆」を、事件といっていいかどうか、微妙なところですが、本日は、江戸期の姫路藩で起きた唯一の一揆である「寛延一揆」について、その概要と、背景、意味などについて話したいと思います。

寛延一揆を扱った記録には、大坂奉行所の記録「播州姫路領百姓狼藉一件於加古川駅御用日記」（九州大学保管）や、物語として書かれた「播陽多我身飢」、「播姫太平記」などいろいろあります。記録も物語もどこまで真実に迫っているのか若干疑問がありますが、これらを中心に研究が進んでいます。

寛延一揆がどういうものだったかというのは、これらの膨大な史料に個々の動きがバラバラに書かれているうえ、日付なども若干違っていたりして、なかなかわかりにくいのですが、私なりに整理してみますと、全体像はほぼ、以下のようにまとめられると思います。

〈寛延元年〉

①12・21　市川河原へ農民集結

〈寛延2年〉

②1・16　加古郡西条組の大庄屋打壊
③　22　飯田組今宿から手柄方面へ。三庄屋打壊
④　28　夢前川流域の前之庄組大庄屋打壊
⑤　29　市川流域の犬飼組等の庄屋打壊
⑥2・1　市川中・下流域の小川組大庄屋等打壊
⑦　　　同日南部海岸線に。魚崎塩商人宅等襲う
⑧　2　松原―英賀の海岸線へ。未統制暴動的に
⑨　3　砂部、高砂、滝野等散発的に連動

一揆は、寛延元年（一七四八）十二月二十日過ぎから同二年二月二、三日まで各地で起こり、状況からこの九波に分かれます。ほぼ播磨全域で一揆の火の手が上がっていますが、一斉に蜂起したわけではありませんし、密接な関連性も見受けられません。しかし、一部、連続している部分もあって、複雑な経緯も見られます。

■市川河原に農民集結

個々の動きについて、少し詳しく見ていきましょう。

第一波は寛延元年十二月二十一日、山脇（現・姫路四郷町）の市川河原、ちょうど今ＪＲ山陽本線の鉄橋のある辺りの河原で、とくに山陽道沿線東部の農民数百人から数千人が集まりました。藩の記録にはあまり人数が出ておらず、「播陽多我身飢」などの物語では数万ということになるのですが、万という数字は少し大げさかと思います。そこで彼らは、翌寛延二年春まで年貢を納めるのを待ってほしいことと併せて、沼田平九郎、米屋孫九郎、宮屋長四郎という大庄屋、米屋三人の引き渡しを要求しました。この三人は姫路藩主松平氏の言いなりになって年貢を押し付けてきたり、米の値段を吊り上げて自分が儲けているというのです。

播磨の農民は全国的に見て結構蓄えがあるのですが、取り立てがだんだん厳しくなってきたうえに、前年と前々年に干ばつに見舞われ、収穫が激減していました。そのために春法《ついほう》といって、年貢減免あるいは延期の申し入れをしたわけです。ほとんどの藩で一揆が起きる前にはこういう要求が出ます。ちょうどこの四日前、藩主の松平明矩が急死していて、その政治的空白を突いた行動でもありました。しかし藩は要求を一応聞いたうえで、その要求を完全に無視して、逆に参加した十四人を捕らえるという処断を下します。これが一揆全体に火をつける結果になりました。

第二波は年が明けて寛延二年一月十六日、数千の群衆が集まって、加古郡西条組から加古新田、野寺、野谷新を治めていた西条組大庄屋沼田平九郎の居宅を打ち壊しました。書物や諸道

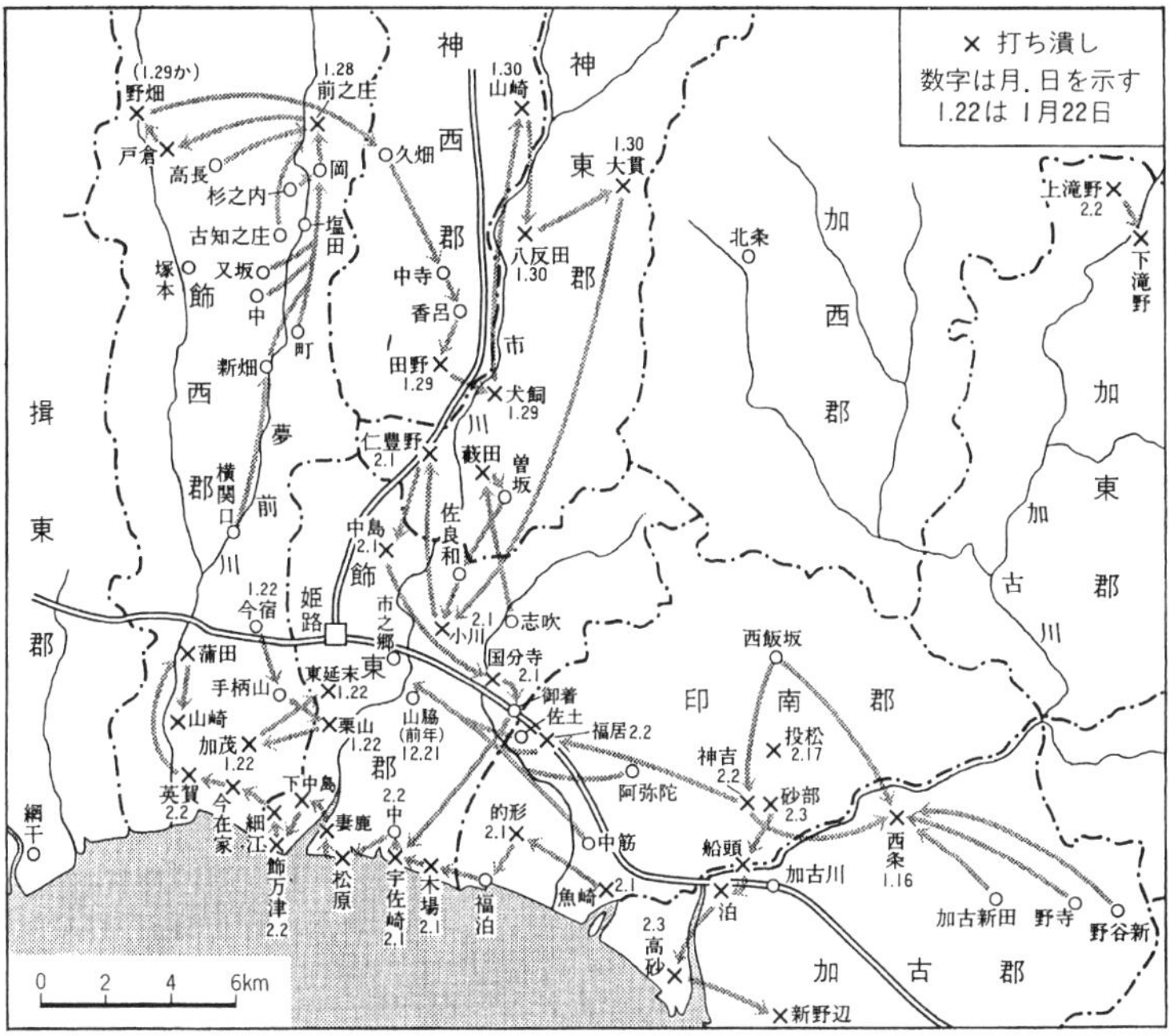

寛延一揆の経過図（『姫路市史』第３巻より）〔注〕『兵庫県史』第４巻589ページの図を一部修補，改訂して使用した。

具、牛の略奪もありました。沼田は藩の手先になって年貢を収奪しているという評判の人で、市川河原での集会のときに、いの一番に差し出せと名指しされた大庄屋です。野谷新村百姓の伊左衛門が首謀者だといわれていますが、本当のところはわかりません。ただし「一月十六日に沼田平九郎宅を襲え」という張り紙を石宝殿や寺のお堂の中に張って、決起を呼びかけた人物とされています。

　この背景にはやはり、市川での要求を無視されたことへの怒りがありました。西条組の一揆には、西条組以外の人も参加しています。打ち壊しは、組の大庄屋に対してだけではなく、藩主・松平氏に対する藩政への不満のはけ口として実行したのでした。

第三波は、西条組の騒動から六日経った一月二十二日、姫路城下に隣接する飯田組今宿村から栗山、延末、加茂村の庄屋を襲撃しようと五百人ほどの農民が手柄山周辺に結集し、栗山の庄屋惣兵衛、加茂村の丈右衛門宅が打ち壊されました。丈右衛門は非常に依怙贔屓をする人であったこと、丈右衛門やその上司である郡代辻源太左衛門が栗山周辺の博徒と関係していて、賭場を開くための賄賂を受けたこと、また、源太左衛門が自分のお手つきの女性を博徒の親分の倅に嫁がせるといったことなど、そのでたらめな行為にも反発したのでしょう。

姫路藩は、それまではあちこちで起こった騒動を静観していましたが、城下のすぐ近くで起こったものですから急きょ鉄砲二十丁、足軽数十人を出動させました。火事場装束で出て行って、鉄砲は実際には発砲せずに空撃ちしたようですが、一応収束しました。しかし、一揆の動向に神経をとがらせ、なお危険だということで、お城の中堀門を閉鎖するという厳戒態勢もとっています。

■夢前川流域へ

このあと起きたのが第四波、夢前川流域前之庄組の一揆ということになります。飯田組の一揆からほぼ一週間後に起きました。それまでの三波の一揆では、捕縛された人もいましたが、一揆そのものに対しては特段に厳しい対応、御咎めもありませんでした。甘く見たわけでもないのでしょうが、そのことが前之庄組の一揆を誘発した一つの理由であったとも考えられます。

発端は、古知之庄村の利兵衛、滑村の甚兵衛、塩田村の与次右衛門、又坂村の与次右衛門（同名）の四人が共同謀議をしたようです。それで一月二十八日の夜、彼らは一揆の実行を村々に触れて回り、参加者を集めていきました。最終目標は大庄屋の北八兵衛宅の打ち壊しでした。

住宅を壊してうっぷん晴らしをするのが一揆の行動パターンですが、ここの一揆は、様相を異にして、北八兵衛がつけている帳面を押収することが主たる目的でした。帳簿を分析し、うわさとして広がっていた不正行為を暴こうとしていたのです。北八兵衛も襲撃・帳簿押収を予測して書類をあちこちに避難させていましたが、打ち壊しのあと預け先が松源寺であることが発覚して、同寺から長持六棹が持ち出されました。甚兵衛たちが無断で持ち出したわけではなく、寺に対して預かり証まで発行するという念の入れようでした。持ち出した帳面は、前之庄の中心部松之本にあった紺屋の土蔵に保管され、どういう不正があったのかについて、解読が始まりました。今の警察や検察が家宅捜索して書類を押収し、分析を始めるのと同じことがなされたわけです。このことについては、後でまたお話しします。

この前之庄組の一揆を、東の谷一つ隔てた所から見に来ていた人もいたようです。皆で一緒になっていろいろ語り合っているうちに「こちらでも…」という雰囲気が出たのでしょうか、前之庄組の一揆が終わった翌一月二十九日早朝、飾西・飾東郡の犬飼、八反田へ一揆が飛び火しました。これが第五波です。前之庄の状況を見て、二百人から数千人に膨張した一団は久畑峠を越えて、各組大庄屋宅の打ち壊しをしました。前之庄の北八兵衛の帳簿が押収されたというので田野村の庄屋は帳面を隠すという防御策に出ています。

姫路藩も騒ぎが大きくなったのを見過ごせず、飯田組のときの十倍、二百人の鉄砲足軽を出動させました。しかしこのころの足軽は訓練されていなかったのでしょうか、どこにどんな道があるかよくわかっていなかったようです。田野村の庄屋宅を防御に行こうとしましたが、そのような情報が入ると、地元の道をよく知る一揆隊は全然違うところに回ってしまい、足軽が来たときにはもぬけの殻です。そして引き上げたあとに田野村庄屋宅を一揆隊が襲うというゲリラ戦法が成功して、藩兵が一揆隊に翻弄されるという状況が生じました。

第六波は月が変わって二月一日。犬飼組の一揆隊の一部も交じえた一万人、これは物語のなかの数字ですからもう少し少なかったと思いますが、この群衆が市川の中流域から姫路城下の北部に迫っていきます。小川組、中島組大庄屋、あるいは仁豊野の庄屋、それから国分寺、佐良和、御着、佐土といったところへ次々と波及していきました。姫路城の外堀の周辺、北側から東側にかけての所です。さすがに野里門などの重要な門は閉めて警護に当たったので、城下には入れませんでした。

この六波の特色は、新しい標的として城下の御用商人の米屋や油屋の下請け業者にも襲いかかって打ち壊しをしていることです。同時に城から鉄砲足軽二百人が出てきた経緯を踏まえ、それに対抗するために、猟師に鉄砲を持たせて一揆の農民隊も武装しました。

■未統制暴動的に

第七波は、第六波の小川組と同じ日、南の印南郡魚崎、的形、宇佐崎に飛び火をします。いろんな情報が飛び交って「じゃあ、こっちも」ということになったのでしょう。この辺りは街場が形成されつつあったところですから、農民というより一般群衆が中心になって、船舶関係者や塩田関係者の居宅を襲撃しました。小川組の影響もありますが、ここでは自然発生的に起こりました。一揆の襲撃を避けて特別炊き出しをした庄屋もあったという記録も残っています。

第八波は第七波と同じように海岸線で発生し、二月二日以降に広がりをみせます。宇佐崎で止まっていた一揆の波は、この日、松原から飾磨、英賀にかけて暴動的に広がっていきます。こうなってくると、いわゆる一揆というイメージから、今でいう都市型暴動の様相を呈する段階に入っていきました。襲う標的も庄屋はもちろんですが、飾磨津の蔵番役人宅といった港の機能に関係した所に広がっていきます。

第九波は二月二日・三日、残り火のようなかたちで加東郡の滝野、印南郡の砂部、神吉、高砂で起こりました。大きな出来事としては、滝野村の大庄屋阿江家の広大な屋敷に火が放たれました。この阿江家は、急峻な岩場で舟の難所として知られた加古川・闘竜灘を開削して、丹波から瀬戸内海への舟運を開発したことで有名な阿江与助の関係者です。この寛延一揆はほとんどが打ち壊しで放火は大変珍しい。一連の騒動に刺激を受けたグループの散発的な行為でしょう。

一連の一揆はこの九波でほぼ終結しました。記録では、船場あるいは亀山本徳寺の住職が説得に行って一揆が収まったとするものもありますが、実態は不明です。

■松平家の財政政策

この一カ月以上に及んだ、姫路・播磨では非常に珍しい一揆の背景には、時の藩主、松平明矩の失政がありました。

松平家（結城）は三度姫路に入ってきています。最初は慶安元年（一六四八）に松平直基が入封してきます。それから二十年後の寛文七年（一六六七）、松平直矩が入ってきました。その次が、松平明矩で、寛保元年（一七四一）の入封です。

明矩が姫路に来たのは、江戸・吉原の遊女を身請けして顰蹙を買い謹慎、転封処分を受けた榊原政岑の不行跡の後始末のためです。政岑の後継の政永が越後高田へ移り、そのとき越後高田にいた松平（久松）定賢が陸奥白河へ移り、その白河にいた松平（結城）明矩が姫路へと、こういう玉突きで転封したのです。榊原政岑はいろいろなところへ迷惑を及ぼしたわけですが、ただ白河の松平明矩にとっては迷惑どころか願ってもないチャンスでした。

姫路に入ってくる前の松平家は、山形、村上、一次・二次の姫路、ずっと十五万石でした。ところが越後騒動で連座して減封となり七万石になって豊後日田に移りました。その後少しずつ回復していき出羽で十万石、そしてようやく白河で十五万石をもらうという経緯をたどりました。

しかし、どの任地も播磨のように豊かな実りがありません。播磨の場合は表高のほぼ二倍近い収穫がありますが、ほかは十五万石といっても、実質それだけ獲れるかどうか分かりません。そのような不安定な石高のうえに一揆を引き起こし、さらに家臣の掌握も不十分で、白河で三十人を処分したという記録も残っています。

■高間伝兵衛

こういう状況のなか明矩は、白河から姫路へ移封するのですが、転封には多額の費用がかかるのです。「松平家が姫路に移るについて非常に財政が困窮していて転封費用もままならないので江戸の豪商高間伝兵衛にお金を借りて賄った」（「姫路市史」収蔵「松平氏勝手不如意につき触書」）という記録があります。そしてようやく姫路入りの旅費ができたという大変苦しい状況です。

家中が実際に引っ越す直前の寛保二年一月、領民が阿武隈川に集結して白河城下に迫って町屋を数軒打ち壊すという事件が起こりました。姫路への転封に必要な人足を農村から集めて、白河から姫路まで何十人何百人と随行させ、その彼らの費用は帰りの分まで全部村でかぶれと言ったので、それに反発した農民が打ち壊しに至ったのです。このように、政治的に見てよろしくないとわかりきったことを平気でやっていました。

しかし松平明矩は姫路への転封を喜んでいました。松平家の「御用留」にこんなくだりがあります。

今度播磨姫路江所替被仰付舊領之譯別而本望之事候（しかし）倹約、飲食衣服制

姫路は昔いた所なので豊かな所だとよく知っていて、転封は本望である、しかしそれで気分が緩んで浪費をするのはいけないと指示を出しています。殿様が先頭になって浪費をした、ということでもないのです。

そして、所替え費用の肩代わりをした高間を重臣として登用し、姫路松平藩の大坂蔵元とい

う重要ポストに任命しました。大坂蔵元というのは大阪出張所の取締で、姫路藩が大坂で処理する米の高はだいたい四万石、お金に換算すると四万両ぐらいですが、これを自由に裁量できる立場です。このなかから高間伝兵衛は貸した金を返済してもらうというシステムにしたわけです。

しかし藩内では非常に出費がかさんできて、大坂へ送る米を削減する状況になってきました。当時は財政が困窮してくると武士が自分の貰う給与米を強制的に上納するという制度があり、そのために困窮する家臣がたくさん出てきて大坂に回ってくる米がだんだん減ってきたのです。こうなると、伝兵衛自身も資金繰りに困窮してくるわけです。伝兵衛が、大坂の浜方商人から、姫路藩の裏書により一万八千両の融資を受けるということがありましたが、これが返済できなくなってしまいます。〝保証人〟であるはずの姫路藩は伝兵衛が返済できなくて困っているにもかかわらず、いくら頼まれても肩代わりしませんでした。藩の記録では「伝兵衛悪しきこと、浜主不埒。伝兵衛難渋、力及ばず」とあり、伝兵衛も悪い、お金を返せという浜方も不埒であると言っているのです。しかも、自分たちの力は及ばないと、融資の裏書をしているにもかかわらずまるで他人事です。

挙げ句、伝兵衛は延享元年（一七四四）に罷免されます。藩では、さらに借財も増えて、家臣の給所米を担保に高砂や飾磨の商人からも多額の借り入れを行うという状況に陥ります。

■山口庄左衛門

松平明矩の経済財政政策を推進したのは、罷免された高間伝兵衛のほか、山口庄左衛門、好田主水、小笠原監物という三人の人物がいます。

高間伝兵衛のあとに登場したのが山口庄左衛門です。白河時代の御用商人でしたが白河の町人に嫌われて逐電し、そのあと元の主家・松平家の治める姫路に現れて藩にうまく食い込み、再び姫路藩の御用商人になったという複雑な経歴の持ち主です。

彼は、四つの策を出しています。一つは、木材の取引の中心地である船場に木材小屋をつくって藩内で使う木材を一括売買する拠点にすること。二つ目は、菜種、綿の栽培です。後の河合寸翁の木綿改革と同じように見えるものの、まったく違うのですが、播磨地域ではこのころから菜種・木綿の栽培が非常に活発に行われていたことがわかります。三つ目は、古紙の再利用です。江戸時代の紙は非常にいい紙で、何度でも漉き直しが可能だったので、城下に出回る古紙を回収して再生し、また新たな商品として売り出すというアイデアです。四つ目は、貝殻の収集です。姫路の広い海岸に着目し、そこで貝殻を収集してそれで石灰を生産し、販売するという策です。

このようにいろいろな実業のアイデアを出しましたが、ほとんど実行されなかったのではないでしょうか。一応藩営という形をとってはいますが、藩の収益にせずに庄左衛門個人の事業として位置づけていたところがあり、ここが河合寸翁と違うところでした。思いつきが多くてそんなに成果はなく、むしろ自分のために独占的に藩内の商売や産業振興にあたったということで旧来の姫路商人や領民の反発を受け、山口庄左衛門も失脚してしまいました。

■好田主水

次の好田主水は、藩の勝手向主役（財政担当）という重要ポストに任用されていて、先ほどの高間伝兵衛、山口庄左衛門の上にいる人でした。だいたい藩の勝手向主役は家老のナンバーワンがやるわけですが、主水は家老でもなんでもないのに明矩にかわいがられていたこともあって、勝手向主役を命ぜられました。家老職の下にいながらも勘定方の役人を勝手に指揮していたのです。先ほどの高間・山口の二人の失敗も、その上に好田主水がいたわけで、彼は、失政の大本ということになります。

好田は、藩主の庇護のもと、勝手な行動が多く、例えば、家臣の給米や藩手形を担保に、自由に借入を増やしていきます。金がなければ、富裕商人、御用商人から借りたらいい、それで経済の活性化を図ったらいいというのが好田の発想です。バブル期はそれでいいのですが、こういう状況のなかでは、借金をすると利子の返済のためにまたお金が要るわけで、借金返済のための借金をして、二重三重の抵当権が発生してきます。「当面繕い」であって、財政は当然行き詰まります。こういう状況はいつの時代も続いているということです。

しかし物が見える人には見えます。勘定奉行らが好田主水の批判をします。「松平家記録」にこうあります。

御暮之御積並御借金之取扱、仕分相立不申而は御暮不立、此分ニ而ハ猶又難渋之形合可被成

つまり経済財政運用のための借金と武士階級の生活を成り立たせるための家中のお金は切り離して考えないといけない、この仕訳をしないとどっちの金を借りているのかわからずに、いずれ行き詰まるのではないか、最終的には暮らし向きが相立たなくなると言って、その批判の矛先を主水に向けました。

そのさなか、役人の逐電事件が起こります。延亨二年（一七四五）の暮れも押し詰まった十二月二十七日のことです。大坂勘定方の生嶋茂右衛門がこんな書き置きを残して姿を消しました。

「前月の廻米二万俵が不足、違約を知った銀主が次の借銀に応じてくれない。江戸表の越年資

金の調達が難しい。藩主の御威光をもってしても交渉が困難なのだから、自分が今後交渉に当たっても役に立たない。高恩忘却となるが退身する。自分の役料（給料）は封を切らずに残す。同役（大坂蔵元の平の役人）で使ってくれ」

悲痛な書き置きです。解任された高間伝兵衛に無理やり迫られた姫路の役人が、大坂に送るべき二万俵を江戸の高間伝兵衛に送ってしまい、そのために大坂に回ってくる二万俵が不足し、そのしわ寄せが生嶋のような下級役人のところに来て、逐電に至ったのです。

藩内ではこのような矛盾が出てきて、うっぷんが溜まっていきました。そのために延享三年正月、つまり生嶋茂右衛門が逐電して一週間も経たないうちに、家中で決起が起こりました。藩内の家臣たちが江戸の明矩に「勝手向に難渋している。好田主水たちのような財政運営では松平藩の財政運営は破綻する」と直訴したのです。直訴が容認されたのでしょうか。このあと直訴した十一人の連中は囚われもせず姫路に帰ってきました。しかし、半年後の六月になって十一人の家臣に暇、蟄居、閉門という処分が出されました。家臣だけ処分するのは片手落ちということでしょう、同時に好田主水も勝手向主役を辞任しました。実質は解任だったのでしょう。

■小笠原監物

その次に登場するのが小笠原監物です。小笠原監物は筆頭家老ですがちょっとしたことで窓際にいたようです。それまでの明矩の側近による政治から、譜代の重臣による財政の建て直しが始まりました。

小笠原監物の改革は四つに分けられます。一つは、行政改革。役料（人）を削減して機構を簡素化する。二つ目は、計画的財政運用。「御積帳」をつくって取引を一元化する。先ほど述べた大坂の生嶋逐電事件では、二万石を江戸に送ったことについて、姫路や江戸では皆知っていたのですが、帳簿の一元化が行われていなかったので大坂の蔵元にはその情報が伝わっていませんでした。したがって今後は取引あるいは情報の一元化を図るべきだと言っているわけで、筋が通っています。三つ目は、収入・支出の事前設定。厳密化。財政の計画運営を目指します。四つ目は、納入米の上質化。いい米であれば値段が高くなる、したがって金をたくさん借りられますから、農民に上等米を納めてくれと言っているわけです。

しかしこうすることだけで財政が好転するかというと、好転しません。事前に厳密に収入と支出を決めるのはいいのですが、収入は天候に左右されるものですから、そんなに最初からきちっと決めてしまうと、身動きがつかなくなるという弊害が出てくるわけです。

台風や大雨、害虫被害、旱魃などのあとは収穫が減るに決まっています。先ほどの舂法というのは、被害を受けた田んぼの坪刈りをして、例えば、ここでは例年の十分の七ぐらいしか取れないから、今年は年貢を三割減免しようというものです。しかし、最初に今年はこれだけ入るべきだと厳密に決めてしまったために、舂法をやることが藩としてもできなくなってきます。年貢を増徴しなかったけれども、今年度は必ずこれだけ納めろという定量徴収に固執したというのはこういうことです。そして年貢の減免を頑なに拒否する政治が行われ、一揆につながっていくのです。

■一揆の背景

一揆の背景にあったものをまとめますと、一つは、財政運用の失敗による家中の混乱。二つ目が、年貢徴収の強化。三つ目は、改革のひずみによる農民負担が増加。四つ目が、相次ぐ台風被害。寛保三年（一七四三）、翌延享元年（一七四四）、同二年（一七四五）、寛延元年（一七四八）と、六年間に四回も台風の被害を受けています。この台風によって、延享元年には五万石、一揆の起きた寛延元年には三万七千石減収しています。これらに加えて、五つ目の背景として、朝鮮通信使の応接費の強制徴収が挙げられます。この応接費用として二万両の徴収が決定され、町方から一万両、灘方（塩田・魚関係）から五千両、村方から五千両出すこととされました。村方の内訳は、たとえば西条村は村総高九九〇〇石で三百両、八反田組は総高七七〇〇石で百七十両、山崎組は総高六七〇〇石で二百五十両出すということになりましたが、基準もなく、バラバラの徴収でした。ここに松平家が採用した大庄屋制度の矛盾が出てくるのです。大庄屋は藩から徴収額の指示を受けるわけですが、それを農民にどう割り当てていくかは大庄屋の自由裁量だったのです。

一方、家中全員からの上納金は二千六百両でしたが、それよりも領民の負担が大きいではないかという不満もあったのと、こうした大庄屋の恣意的操作が見受けられるということで、一揆の矛先が大庄屋に向きました。大庄屋が次々打ち壊されたのには、こういう背景があるわけです。

■全国一揆の状況

しかもこのころ、全国的に一揆が多発するようになりました。神尾春央という人物がいます。八代将軍・徳川吉宗の後期享保の改革を推進した中心人物ですが、その神尾が勘定奉行になりました。彼の有名な言葉に「胡麻の油と百姓は絞れば絞るほど出るものなり」というのがあります。この言葉に象徴されるように神尾は勘定奉行になって非常に力を発揮して、年貢の全国徴収高は次々と最高を記録していきます。それと裏腹に、神尾の勘定奉行就任と時期を同じくして、全国で大規模な一揆が続発するようになります。江戸時代は大小合わせて二、三千の百姓一揆があったといわれていますが、大きなものでは「因幡・伯耆一揆」をはじめ「伊予で三千人逃散」「畿内農民数千が朝廷へ強訴」「常陸・笠間三十カ村一斉蜂起」「会津・若松で数千人の一揆」「信濃・松代で二千人一揆」「筑後・久留米で十七万人蜂起」「美濃・郡上の四年一揆」「信濃・上田一万数千が城内乱入」「同・和田宿中心に二十万人蜂起」といった一揆の記述が歴史年表を埋めています。この後半に播磨の「寛延一揆」は位置づけられるわけですが、豊かな播磨でも一揆が起こったことで、幕府は危機感を強めます。そして、寛延一揆のあと、処罰が一気に厳しくなっていくのです。

■取り調べ

普通、一揆は城下町に入ってきて藩に楯突くというかたちをとりますが、播磨の場合は先ほど言ったような背景があって、大庄屋に矛先が向かったため、姫路藩は当初、高みの見物をしていたようです。ところが犬飼組以降になって姫路藩もようやく深刻さに気づいて、幕府に報告し、四人の郡代を罷免して対応しました。同時に城下の御用商人らを追放しましたが、農民らは納得せず、対応が後手に回りました。しかも明矩死後の松平家は、嫡男・朝矩が幼少であったため姫路藩主は任せられないということで前橋への転封が決まり、前橋にいた酒井忠恭が姫路に入ってくることになるわけですが、酒井の姫路入りまでにはまだ間があり、政治的空白が生じていました。

このため、本当は松平藩が事後処理としてやらなければならないのですが、対応できないいま、二月四日になって大坂奉行所の与力が六人、同心十二人が加古川に入ってきて、取り調べを開始しました。この取り調べの書類が「播州姫路領百姓狼藉一件於加古川駅御用日記」(「寛延一揆御用日記」)です。『姫路市史』に収録されていますが、百五十ページぐらいにも上る、膨大なものです。同時に幕府も非常に危機感を持ち、老中も重視して、徹底弾圧をしろという指示を出しました。この時代は先ほども言ったように全国で大規模な一揆が起こっていることもあり、とくに姫路のような大きな藩領で一揆が起きるのは看過できず、見せしめのためとでもいうのでしょうか、徹底弾圧を指示したのです。

同心たちはまず、参加者の特定と逮捕に当たりました。参加者の特定というのはこのころは密告によりました。密告で誰と誰が参加していたという言質をとればそれを逮捕して、取り調べを行います。伊左衛門は西条組で一揆の首謀者とされている人ですが、身の危険を感じたのか大坂に行っていてそこで逮捕されます。一方、姫路の藩内でも厳しい取り調べが始まりました。次の資料は、加古川にいた八田五郎左衛門と成瀬正兵衛という人が、取り調べ役人から聞いたという情報を書き残した記録です。

姫路城下へ惣代共忍ひニ差遣、都而之
様子立聞せ候趣左に申上候

此間大坂表江被差出候、囚人之内西飯坂村九郎太夫儀
先達而被召捕候節、姫路表於牢屋ニ木馬ニ乗せ、四五
拾〆目之石を懸ケ、此度村々ニ而及狼藉ニ候発頭人共
可及白状ニ旨姫路役人申之、拷問仕候処、発頭人ハ則
右役人中ニ可在之候、様子当役所ニ而不及申ニハ段答
之、其以後ハ何を相尋候而も、有無之返答不仕由ニ御
座候

成瀬正兵衛
八田五郎左衛門

「西飯坂村にいた九郎太夫には、木馬に乗せて四、五十貫の石をかける拷問をした。誰が一揆の首謀者かと厳しく問われたが九郎太夫は口を割らない。発頭人（首謀者）は役人の中にいる、

と言って、それ以降ひと言もしゃべらなくなった」とあります。そういう剛の者もいて、取り調べがすんなりいかなかったことがわかります。

逮捕者は全部で三百四十三人。このうち前之庄は九十六人、野谷新が五十五人もいます。これは前之庄組の清七という人物から名前がたくさん出たから増えたということです。でも清七も打ち壊しのときには「火をつけるな」と、いいことも言ったようです。

この三百四十三人もの逮捕者は大坂に護送されましたが、それだけ多くの逮捕者を収容する監獄などありません。町に囚人が溢れ、姫路でこういうことがあったと大坂中に知れ渡り、全国的に一揆が有名になったことも記録に残っています。

「姫路市史」には、被害状況をまとめた詳しい表が掲載されていますが、一番の特色は焼き討ちが非常に少ないことです。一方で、なかには二千両くすねた、牛を盗った、庭の植木を全部切って嫌がらせをしたなどという記録も残っています。

■厳しい処罰

参加者の処罰はどうなったのでしょうか。最終処分案が寛延二年十一月つまり一揆が収束してからおよそ十カ月後に出て、重刑の執行はその翌年の九月二十三日、市川河原で行われました。一揆終結後一年半以上経ってからのことです。これも、「姫路市史」には一覧表として大変詳しく掲載されています。

当時の一番重い刑は「磔」で、生きたまま磔にされ刺殺されるのですが、前之庄一揆の首謀者とされた滑甚兵衛と、野谷新の伊左衛門がこの磔の刑を受けます。伊左衛門は取調べ中に大坂で死亡したのですが、そこで葬ることはせず、塩漬けにして遺体を保存し、その遺体をわざわざ市川まで運び、磔にして、下から〝儀式〟のように槍で突いたといいます。異常な処罰ですが、見せしめのためという幕府の強い意志が見えます。

次に重いのが「獄門」で、これは首を刎ねて、その首を街道に晒すのです。前之庄一揆の首謀者の一員である古知之庄村の利兵衛と、又坂村の与次右衛門の二人に執行されます。

次が「死罪」。これは、打ち首ということです。一揆をあおったとされる八反田村の清七、南大貫村の勘三郎、甚右衛門の三人です。

続いて「遠島」。これは文字通り、遠くの島への島流しです。さらに、「追放」というのがあります。これは、重、中、軽の三種に分けられ、財産没収の上、居住地から追放されますが、軽重に応じて、さらに立ち入り禁止の国、エリアが決められています。「国払」、「村払」、「所払」というのは、居住の国、村から追放されます。そのほか、「敲《こう》」（むち打ち）、「手鎖」（鎖でつながれる）、「過料」（罰金）、「叱り」（白洲に呼び出し叱る）、といった刑罰がありますが、一揆の参加者には、これらすべての刑罰が及び、言葉は悪いですが、さながら刑罰のデパートのような様相を呈しています。変わったところでは、入れ墨を入れさせられたうえに「敲」や「所払」の刑を受けた人もおります。なお、「構無」として無罪になったものも多く、七十六人にも上っています。

ところで、甚兵衛らと共謀したとさえる塩田の与次右衛門は、一揆の後、どこかへ逃走したまま行方不明となります。恐らく、逃げおおせたのでしょう。また、彼らの襲撃を受けた前之庄の大庄屋・北八兵衛は、家財没収のうえ「所払」されています。

こんなに大量に厳しく処分したのはこの寛延一揆が初めてとされ、その後、全国的にさらに過酷な処分が続くことになります。

■滑甚兵衛の先進性

この寛延一揆のなかでも注目すべきは前之庄一揆です。それは、前にも述べたように、大庄屋の帳簿を押収するという一揆としては珍しい行為に出たからです。一月二十九日に帳簿六棹を押さえたことは先ほどお話ししましたが、後で他の寺にもまだ二十一点あることがわかって押収しています。二月八日になって帳簿の整理を開始して、重要書類として選んだものを長持三棹に入れ、古知之庄・光泉（専）寺に保管して、二月十一日に物書（字の読み書きができる人）三人を雇い、読み取り点検を始めます。しかし、書類を保管している寺にも、心配があったのでしょう、途中で、近くの滑村の甚兵衛宅に書類を移します。ここで会合も開かれたので、甚兵衛の家は「なめら会所」と呼ばれました。夢前川の河原には、今も非常につるつるした石が並んでいて、これを土地の人は「なめら（滑）」と呼びます。村の名はこれに由来し、ここから出た甚兵衛は「滑甚兵衛」と呼ばれたわけです。

「なめら会所」では、結論を言いますと、最終的な目的は達成できませんでした。けれども途中経過を見てみると、帳簿を分析しながらここ七年間の「大庄屋手前勘定帳不審書抜」というメモをつくり、一部不正も発見しています。同時に、大庄屋の家がなくなったので、藩からの指示や各種の命令伝達事項などは「なめら会所」で受けたらどうだというところまで話が進んだようです。

そういう状況から、この会所は村の行政共同運営事務所の役目を果たす、極論すれば村落自治を試みた、つまりコミューンの結成をここでやろうとしたということが言えるのではないかと思います。江戸時代に最初に自治を試みたのは、新潟の明和騒動（一七六八）ではないかと言われています。日本初の地域自治といわれていて、これを扱った小説もいくつかあります。しかし、「なめら会所」の動きを見てみると、明和騒動よりもさらに二十年も早い段階で、こういう新しい試みに挑戦していることが、分かります。村の長老も結構入っているので、甚兵衛が先頭を切ってやったかどうかは微妙なところがありますが、しかし甚兵衛自身が自宅を会

甚兵衛（右）と利兵衛の供養墓（姫路市夢前町）

所として提供したことで、積極的に関わっていたことは紛れもない事実でしょう。このような甚兵衛の先進性を浮かび上がらせたのが、寛延一揆で、そのことをもっと高く評価していくべきではないかと考えます。

■「義民」復活

磔にされた〝罪人〟の供養については当時、どの村でもやりにくく、事件後、甚兵衛についてもなかなか供養に踏み切れなかったようです。しかし、甚兵衛と利兵衛の三十三回忌を前にして、安永一〇年（一七八一）、前之庄組の人たちは、夢前川の河原に二つの供養墓をつくりました。一つが甚兵衛の供養墓「浄土三部妙典塚」、もう一つが、そこから三百メートルほど離れた所につくられた利兵衛の供養墓「三部妙典塚」です。経文の一字一字が書き込まれた小さな石ころをこの供養塔の周囲に積み上げて、甚兵衛と利兵衛の魂を供養するのです。地元の寺にも、二人が市川河原で処刑されたことを記した過去帳が残っています。彼らの命をかけた行動を、静かに、しかし、しっかりと記録して、後世に伝えようとしているのでしょう。

さらに時代は下って、戦後の農地改革のあと、一九五〇年ごろといわれていますが、先ほどの光専寺で二人の供養が行われて位牌がつくられました。一九五四年には義民を顕彰する目的で一揆の処刑者を祀る神社、置塩神社が地元の人たちの手で建てられました。こうして、ようやく甚兵衛らが「義民」として復権を果たしたのです。

寛延一揆については、松平家の極めて手際の悪い財政運営に加えて、全国的には厳しい年貢収奪期にあったという背景のもとに起きたわけですが、「義民」たちは、単に大庄屋を標的に打ち壊しをした、というだけではなく、新しい社会システムの構築を目指す動きもあったという側面にも注目すべきでしょう。甚兵衛の中に、そんな新しい思想があったのだということを記憶していただければ、と思います。

幕末姫路藩“炎上”す

酒井忠績と甲子の獄

藤原龍雄

■はじめに

姫路で幕末について話をする機会があると、よくこんな質問を出してみます。「江戸幕府の最後の大老は姫路藩主であった。○か×か」。残念ながら正解の人はほとんどいません。桜田門外の変で暗殺された井伊直弼は非常によく知られていますが、それではそのあと、江戸幕府が滅ぶまで大老は誰かということになると、地元の姫路の人でさえ、途端にわからなくなります。実は、今日の主人公、幕末姫路藩の藩主酒井忠績が、江戸幕府の最後の大老なのです。

姫路藩主の酒井雅楽頭《うたのかみ》家は、江戸時代に二人大老を出しています。一人は寛文期、一六七〇年ごろの酒井忠清、そしてこの酒井忠績（一八二七〜九五）です。忠績は酒井忠清の実弟忠能《ただよし》の子孫という遠い姻戚に当たり、五千石の旗本から姫路藩藩主になって、江戸幕府老中筆頭から大老まで昇りつめた人です。忠績は三十四歳で姫路藩主になり四十一歳で隠居しますが、この七年間は、桜田門外の変のあとから禁門の変や第一・二次長州征伐があり、薩長同盟が結ばれるという激動期でした。大老を退き姫路藩主も退いたあと、姫路城開城のときには隠居して閑亭《かんてい》と名乗るようになります。それから明治二十八年まで、当時としては長生きしました。

■幕末の姫路藩を取り巻く政治状況

　幕末の姫路藩は主体性がなく、頼りない藩士たちが集まって激動する政局のなかで右往左往し、最後は戦わずして姫路城を開城したようなイメージで捉えられがちですが、実はまるで逆です。近年「芥田家所蔵伊奈平八文書」（「播磨学紀要十七号」所載）などの史料が出てきたことによって、幕末の姫路藩がはっきりとわかるようになってきました。

　雅楽頭酒井家は、姫路藩では酒井忠恭《ただずみ》が第一代目の藩主で、今日のテーマの忠績は第八代目、最後の藩主酒井忠邦が第十代目です。忠恭は、寛延の大一揆があった寛延二年（一七四九）に姫路に入ってきて藩主になります。息子の忠仰《ただもち》は早死にし、孫の忠以《ただざね》が二代目を継ぎます。忠以は号を宗雅《そうが》といって、なかなかの芸術家でしたが、寛政の改革の頃は質素倹約型ではなかったために不良大名の一人に挙げられるような殿様でした。姫路藩の藩政改革で知られる河合寸翁は、この忠以に引き立てられます。忠以には忠道《ただひろ》と忠実《ただみつ》という子どもがいました。忠道は三代目を継ぎ、四代目には弟忠実を養子に入れ相続させます。次に忠実は、忠道の息子忠学《ただのり》に五代目藩主を継がせるという、いわばたすき掛けの家督相続をしました。史料の系図を見て下さい。

　五代目の忠学は、十一代将軍家斉の娘喜代姫を正妻に迎え、将軍家と姻戚関係を結びます。

【酒井家略系図】

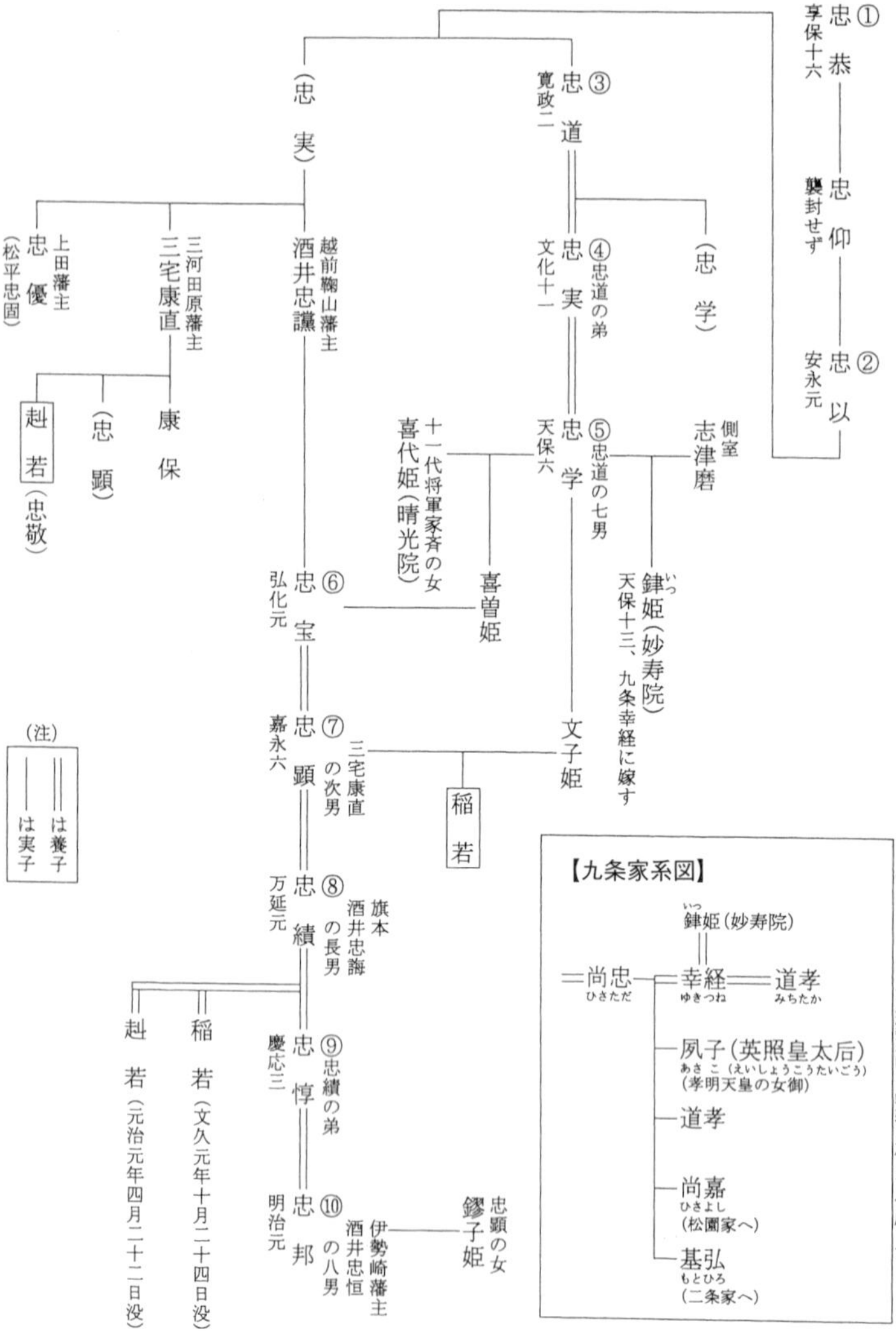

『日本史諸家系図人名辞典』講談社刊 P262 九条家系図に銉姫を加えて作成した。

〔注〕横に年号のある人名は姫路藩主で、年号はその藩主の襲封した年、○数字は代数を示す。
『姫路市史』第4巻P812の系図をもとに加筆し作成した。

側室には石塚家から入った志津磨《しづま》がいました。この志津磨という女性は、忠学がまだ喜代姫を娶っていないころ、河合寸翁が養女にして自分の家から忠学に嫁がせたと言われています。忠学と志津磨のあいだには銉《いつ》姫が生まれます。志津磨は銉姫を養父の河合寸翁の家で出産したということです。ですから銉姫は、寸翁の孫娘のような存在です。寸翁に小さいころから教育された銉姫は、寸翁の政策で公家の九条幸経《ゆきつね》の正室に入ります。幸経は鷹司家から九条尚忠《ひさただ》という九条家の養子に入った人です。この九条尚忠は、幕末に関白を勤め、公武合体の実現に尽力し、十四代将軍家茂《いえもち》に和宮を嫁がせた政策の京都の推進者です。その九条尚忠の娘で、銉姫の義理の妹にあたる夙子《あさこ》姫は、孝明天皇の女御（皇后）となり、後の英照皇太后となる人です。

このように姫路藩酒井家は、孝明天皇はじめ朝廷と非常に濃い姻戚関係を築いていました。なお、幸経が三十七歳で亡くなった後は尚忠の長男道孝が幸経の養子になって九条家を継ぎ、道孝の娘節子は大正天皇の皇后（貞明皇后）となりました。

一方幕府と酒井氏の関係は、喜代姫が十一代将軍家斉の娘ですから、十二代から後の将軍家は全部姻戚関係になります。家斉が一橋家出身ですから十五代将軍の一橋慶喜とは同じ家系です。

余談になりますが、姫路城の前の土産物屋さんのシャッターに、武士の行列の絵が描いてあります。大名行列と思っている方が多いのですが、あれはペリーが日米和親条約を結ぶために二度目に来日した時、姫路藩兵が江戸の藩邸から佃島・鉄砲洲へ出動する「行軍図」です。姫路藩絵師の狩野永秀《えいしゅう》が描き上げて当時江戸城の西の丸にいた喜代姫に見せ、喜代姫はそれを甥に当たる十三代将軍家定に見せました。それが非常に立派なものだったので、家定は作事所で作らせた桐の小箱に入れて「永々秘蔵取り扱ふべき事」と一文を付けて返したと史料に出てきます。

公武合体策を推進した中心人物は、京都では先ほどの九条尚忠と孝明天皇、そして京都所司代の酒井忠義《ただあき》の三人でした。この酒井忠義も酒井雅楽頭家の親戚の人ですから、三人とも姫路藩と非常に濃い姻戚関係にあります。こうしてみますと幕末の姫路藩は、将軍家ともまた朝廷や九条家とも強い絆があり、これらが河合寸翁の時代に政略結婚で布石が打たれていることがわかります。ですからこうした史実に即して、この時代の姫路藩を幕末の政局の中に位置づけるとすれば、まず公武一和を推進する藩であったと考えられます。後に、これが公武合体論となり、維新の直前には公議政体論へと発展していきます。史実を丹念に見ると幕末の姫路藩は、この思想的系譜のなかに位置づけることができます。「主体性のない頼りない藩士」の集団とは何たる誤解でしょう。姫路藩の藩士の名誉回復のためにも、一度これまでの常識を検証し、史実に即して幕末の姫路藩の位置づけをしっかり研究し直す必要があると思います。

■万延元年――跡目相続問題の発生

井伊直弼が三月三日に暗殺された万延元年（一八六〇）の十月十四日、雅楽頭酒井家七代目姫路藩主酒井忠顕が亡くなりました。十月から十一月にかけて姫路の国元の家老級の重臣と江戸にいる家老級の重臣とのあいだで書状のやり取りがあり、次の藩主が酒井忠績に決まりますが、その経緯が「芥田家所蔵伊奈平八文書」の中の書状に非常に詳しく書いてあります。たとえば「御近親様方御年齢書」には相続資格者の名前が載っていて、この中には幕閣で井伊直弼と同席の老中である上田藩主松平忠固《ただかた》がいます。この人物は、第四代姫路藩主忠実の五男です。安政の大獄の直前に大老となった井伊によって同席の堀田正睦と共に六月二十三日罷免されています（姫路藩大目付亀山源五右衛門手記）。この人物の弟なども相続候補者として名前が挙がっていますし、また京都所司代の酒井忠義の血縁者と思われる人物の名前も出てきます。

万延元年を詳しく見ていきますと、四月、姫路藩主酒井忠顕は参勤交代で国元の姫路に帰ってきております。好古堂で自ら招聘した尊王攘夷派の学者、森田節斎の講義を受けてから江戸に帰り、その後十月十四日に亡くなっています。亡くなったことを伏せたまま姫路藩は相続を考えますが、この時「中興の君」忠恭《ただずみ》の家系を守ろうというのが姫路藩の家臣団の考えでした。

忠顕には三歳になる稲若《いなわか》という男の子がいましたから、この子が第一の相続資格者です。ところが姫路藩主は江戸時代を通じて後継者が幼いと転封になっています。三歳で姫路藩主の相続は無理だということで、まず酒井家の近親者から養子をとって跡目相続を行い、次に稲若を順養子として成人したら家督を相続させようと考えました。何人か候補に上がりましたが、適任者を見出しても、その人物を酒井雅楽頭家の養子にするとその家の跡継ぎがいなくなるという家系ばかりで、近親者から養子をとることは無理でした。仕方がないから次は酒井忠恭の血統の三宅家から赳若《たけわか》を養子にとって、稲若を順養子にと考えましたが、他の姓から養子を取ると本来の跡継ぎが廃嫡になるという規則がありました。そうなると同姓の酒井家から養子をとるしかありません。

そこでたどり着いたのが酒井仁之助（忠績）です。仁之助の先祖は大老酒井忠清の弟忠能の家系で、旗本五千石です。ここで旗本五千石が、姫路十五万石の大名家を相続できるかという問題が生じました。家格の違いが障りとなりました。しかし、これはその後の調べで支障が無いことがわかりました。

ところが仁之助はこのとき三十四歳、妻帯者で九歳の男子がいました。仁之助の次にその男子が酒井家を継ぐとなると、酒井家がずっと守ってきた忠恭の家系が絶えてしまうことになります。そこで家臣団は、仁之助の相続に条件をつけます。一つは三歳の稲若を順養子（成人後に家督相続者となること）にすること。そして当時から体が弱かったらしい稲若の成長を心配していた家臣団は、二つ目の条件もつけました。稲若にもしものことがあった場合は三宅赳若を養子にすること。この約定書は、江戸と国元の重臣が連名のうえ押印し、仁之助に提出しています。

このような複雑な経緯を経て、仁之助の跡目相続が成立し、酒井忠績と改名します。忠績には、本来の酒井雅楽頭家とは違う家格が低いという負い目があったと思います。このため一度は相続を断りますが、姫路藩の家老高須隼人と内藤半左衛門が出向いて懇願し実現した相続でした。史料ではこの相続を「御末家様乗込み」と表現しています。

八代目藩主となった忠績は、翌文久元年（一八六一）、もとは五千石の旗本で「百人組の頭」（江戸城御殿への入り口を守る門番の頭）であっても、十五万石の姫路藩主となると井伊家と並ぶ譜代の筆頭格ですから、忠顕の喪が明けると翌年すぐさま溜詰《たまりづめ》を拝命してすぐ将軍側近になりました。溜詰というのは老中待遇とご理解ください。将軍が執務をとるすぐ隣の部屋に溜の間があり、そこに控えているから溜詰といいます。ですから忠績はこの一年のあいだに江戸城の百人組の頭から、一気に十五万石の大名になり、すぐさま老中待遇になって、そして文久三年（一八六三）六月十八日には老中筆頭を拝命するというめざましい栄達を遂げていきました。

■文久二年から元治元年の姫路と京都

文久二年（一八六二）四月、薩摩藩の島津久光が一千名の兵隊を率いて上洛し、そこから江戸へ行って幕府改革を実行します。四月に伏見で寺田屋事件が起こり、薩摩藩同士の同士討ちがあるのですが、この時寺田屋へ久光の上意討ちの命を受けて斬り込んだ八人の薩摩藩士の一人が、のちに明治になって飾磨県の権令として着任する森岡昌純です。

五月になると、酒井忠績は藩主になって初めての参勤交代で国元の姫路に帰る事を許されます。そしてその途中、京都で京都取締向を拝命します。というのは、同年六月、京都所司代の酒井忠義《ただあき》が失脚します。忠義が藩主である小浜藩と姫路藩とは非常に懇意な親戚でしたので、酒井忠績が後任の所司代が着任するまで代わりを務める事を命じられたのです。ところがこの年の七・八・閏八月あたりから京都では暗殺が横行し京都所司代は大変な仕事になります。

短期間ですが、所司代代理は激務であったようで、姫路藩では七月、その当時最も信頼の厚かった河合寸翁の子で、家老の役にあった河合良臣《よしおみ》が亡くなり、八月には姫路藩きっての国学者秋元正一郎が京都で亡くなってしまいます。流行の麻疹にかかったという記録があるのですが、心労や過労もあったのではないかと思います。姫路藩でこの時期いちばん頼りにされた二人でした。また所司代を勤めた姫路藩士の内部でも激しい対立があり、尊王攘夷派のリーダー河合惣兵衛と、河合寸翁の外孫で、過激な尊王攘夷派を「不逞の輩」と嫌う松平孫三郎の二人が対立したため、孫三郎は江戸へ帰され、河合惣兵衛は国元姫路へ帰されました。このような混乱した時に、良臣に家督を譲って隠居していた河合屏山（良翰）が京都へ出てきます。屏山は、この年の秋に、現職の家老に復帰し尊王攘夷派の心強い後ろ盾となります。

酒井忠績は、京都所司代代理の勤めを終えて、十月七日に京都を出て十一日、国元姫路に入り、十二月二十三日まで過ごします。忠績が七年間の藩主在任中に姫路に帰ったのはこの三カ月ぐらいしかなく、あとはすべて江戸城で十四代将軍家茂の名代を務めるといった役職をこなしています。忠績は十二月二十三日、将軍上洛後の江戸城の留守居（将軍の代わり）を命じられ、国元の姫路を出発し、翌年正月十二日江戸に帰着しています。忠績の姫路出発の六日ほどあと、京都偵察のため姫路藩の七名の尊王攘夷派志士が誓紙を提出し、京都に派遣されています。忠績からの正式な命令を受けているかどうかはわかりません。この七名は、その後朝廷を守る御親兵に任命されますが、「甲子の獄」では六名が死罪となっています。

■文久三年―八月十八日の政変、天誅組の乱、生野事件

文久三年（一八六八）に入ると政情が激しく動き出します。まず一月十二日、姫路で紅粉屋の児島又右衛門が暗殺されます。『姫路城史』は又左衛門としていますが、大目付亀山源五右

衛門手記などによると、又左衛門は本家で、暗殺されたのは又右衛門で分家の当主ということです。約二週間後の一月二十五日には公卿千種家の雑掌で、尊王攘夷派に憎まれていた賀川肇が京都で暗殺されます。この暗殺に先の六名が関わっている史料が、最近新たに発見されました。姫路と京都で尊王攘夷派が呼応したかたちで実行したといわれています。

二月・三月と尊王攘夷運動は激しさを増し、幕府は朝廷の意向を受けて攘夷決行日を五月十日と決定します。長州藩ではその日、今の下関で仏・英・蘭の船を攻撃しますが、逆にやり返されてしまい、海外の列強の実力を体験します。ただ長州藩は幕府の決定に従って行動したということで、賠償金の問題にはうまく立ち回っています。この五月十日を契機に、列強諸国との戦争の可能性が現実のものとなってきます。姫路藩でもこの時期、瀬戸内海をイギリスやフランスの船が通行するとき非常事態が発生したら、鐘を鳴らして攻撃のために布陣することを検討して実際にやっています。そういうなかで六月十八日に酒井忠績は老中筆頭に任命されます。

八月十七日、大和五条で、攘夷実行のために孝明天皇の大和行幸を画策した尊王攘夷派により代官所が襲撃されます（天誅組の乱）。攘夷実行により列強諸国と全面戦争になることを恐れて、朝廷は十八日に尊王攘夷派の公卿を御所から追放します（八月十八日の政変）。長州藩と対立していた薩摩藩は、将軍後見職の慶喜と結びつき、朝廷から尊王攘夷派の貴族を排斥します。この政変により、三条実美、東久世通禧など七人の公卿が追放される「七卿の都落ち」があり、その後朝廷を守るために編成された「御親兵」も解散します。

江戸にいた姫路藩主忠績は、将軍名代として八月下旬に上洛を命じられ、朝廷に対して御見舞と御機嫌伺いの使者として派遣されます。酒井忠績は、九月一日品川港から軍艦で出発し、九日大阪へ着き、十四日参内し孝明天皇に拝謁します。それを終えて十月三日江戸へ帰ってきますが、十一日江戸城御座の間にて「御勝手御入用御掛、海陸御備御掛」を命じられました。老中筆頭の上に幕府の会計と海陸軍の軍務を統括する重責を拝命しますので事実上の将軍に次ぐ地位に就いたと言えます。『姫陽秘鑑』を詳細に見ると、この時期にすでに大老扱いと見ていい処遇を受けています。

八月十八日の前後の姫路藩士の動きに関して、姫路藩の三人の尊王攘夷派志士、河合惣兵衛、武井守正、北村義貞を「姫路藩勤王志士履歴略記」という史料によって紹介しておきます。八月十七日に大和五条で起こった天誅組の乱では、北村義貞が大和五条の代官所の襲撃に参加しています。北村義貞は姫路の小川村出身の農民で北村善吉といい、河合惣兵衛の家に出入りしていました。姫路市花田町にある定額寺に墓があります。九月九日には、解散された御親兵の河合宗元（惣兵衛）と伊舟城《いばらぎ》源一郎が大坂蔵屋敷で、将軍名代として参内する酒井忠績に会っています。忠績はこの二人に、江戸へ行って老中の板倉勝静《かつきよ》に京都の政情を報告せよと命じ、物兵衛と源一郎は江戸へ向かいます。

一方、武井守正は八月十八日の政変のあと、一旦は姫路の国元へ戻されますが、西宮の警備を姫路藩が命じられていたので、姫路に置いておくのは危ないということで武井は西宮の警備に小隊長として遣わされます。九月の何日かはわかりませんが、これは武井守正が自分で書き残した文書にありますからまず間違いないでしょう。

十月十二日に起こった生野事件では、代官所が襲われます。尊王攘夷派の平野国臣、南八郎、澤宣嘉などが事件の首謀者ですが、これ等の部隊は、飾磨に上陸して姫路の城下を経て市川沿いに遡上して生野に到着して事件を起こします。武井守正の記録には、こんなことが出ています。十月の記録で日はわかりませんが「平野国臣・美玉《みたま》三平・大高又二郎、西宮に武井を訪う」と。生野事件と姫路藩士の関わりを示す数少ない史料です。おそらく武井と相談して、平野国臣・美玉三平らは何らかの計画を練ったのではないかと思います。このうち平野国臣は、一日遅れて十三日に生野事件に参加しました。天誅組の乱に参加した北村義貞は、十三日、丹波篠山に因幡藩の荷物と称して軍事物資を運送しています。また、大高又二郎は林田藩士で京都で甲冑の店を開いており、後の「池田屋事件」では、新撰組により殺害されています。北村義貞はそこに出入りして活動していました。ここから推測しますと大高又二郎は武井に会ったあと京都に帰って、北村義貞と一緒に軍事物資を運ぶ手立てを講じていたのでしょう。

十三日になると、生野事件はほぼ鎮圧されます。平野（筑前福岡藩士）は、捕縛され京都・六角の牢屋で斬首されました。美玉三平（薩摩藩士）は生野から山越えで宍粟郡山崎の谷へ落ちのびますが、農民に捕らえられ殺されました。その地、宍粟市山崎町木ノ谷には美国《みたま》神社があり、そこに美玉三平は祀られています。姫路藩も鎮圧部隊として途中まで進軍していますが、十三日に事件は鎮圧されていますので、具体的な戦闘の記録はありません。

■元治元年―禁門の変と第一次長州征伐

元治元年（一八六四）は激動の一年です。

一月、京都では参預会議が開催されます。というのは、八月十八日の政変のあと京都で権力の空白状態が生じたので、幕府を中心に有力大名が集まって朝廷を補佐しようとしたのです。江戸から勝海舟が船長を務める軍艦に乗ってやって来た将軍家茂を中心に、後見職の徳川慶喜、総裁職の松平春嶽、京都守護職の松平容保、京都所司代、薩摩の島津久光、土佐藩の山内容堂らが合議制で朝廷を補佐し、政権基盤の強化に努めようとしたのですが、島津久光と徳川慶喜の対立により、四月ごろには分裂してしまいます。

このとき家茂の側近として江戸から随従してきたのが酒井忠績です。忠績は一月二十日、家茂の右大臣宣下にあたり御用掛を命じられ、事務総督として万端を取り仕切ります。また三月九日には家茂に供奉して朝廷に上り、舞楽を楽しみ酒饌を頂戴しています。忠績は譜代の筆頭として十四代将軍を一生懸命に補佐し忠義を尽くしています。

ところが時代は、公武合体策が尊攘派から激しい攻撃を受けていた頃です。姫路藩は、公武一和の考えを「藩是」として元々河合寸翁の時代から引いてきていますが、幕府一辺倒に偏りすぎることを恐れました。国元の河合惣兵衛はじめ尊王攘夷派は「このままでは姫路藩は徳川家と一緒に滅亡する」とこれに激しく抗議し、二月には家老河合屏山が直々藩主に抗議のため京都へ向かいます。このとき随行していた河合惣兵衛の養子伝十郎（宗貞）と江坂栄二郎が脱藩し、大阪住吉の土佐藩邸等に隠れ住みながら神戸の海軍操練所などへ出入りしています。この脱藩の責を受けて、伝十郎の実父で尊攘派志士の活動に理解を示し援助していた境野求馬が、四月二日自宅で切腹して亡くなります。

河合屏山は、京都で忠績に会って抗議をしますが、忠績は屏山に「江戸へ行って養嗣子の忠《ただ》敬《あき》（赳若《たけわか》）を説得せよ」と命じ、屏山は江戸に向かいます。忠敬はこの時十七歳です。忠績はあるいは、身を引いて隠居することを考えていたかもしれません。ところが四月に屏山が江戸に着くと同じ頃、忠敬は亡くなります。万延元年（一八六〇）に忠績が藩主になるにあたって第一の跡継ぎであった先代忠顕の子稲若は、文久元年十月になくなり、第二の相続人に充てられていた赳若（忠敬）は、元治元年四月に亡くなります。不測の事態が重なって姫路藩酒井家には相続人がいなくなるという事態が生じたのです。

一方、国元では、姫路藩士河合伝十郎（宗貞）等が脱藩したことから姫路藩士が京都で起こした事件が発覚して、姫路藩役人の探索が厳しくなり尊王攘夷派の志士がどんどん捕まっていきます。

五月二十一日、酒井忠績は将軍に随従して、軍艦に乗って江戸に帰ってきました。朝廷で将軍の側近として行動し栄達の頂点にまで達していた忠績でしたが、五月末ぐらいから「酒井家日記」には忠績が「不快のため登城せず」という記述が続き、六月十八日に免職になり、溜詰に戻されました。姫路藩士の所業に責任を取らされたということでしょう。この頃国元では、河合惣兵衛が自宅に幽閉されていました。「三忠遺牘《さんちゅういとく》」という史料のなかに惣兵衛自筆の手紙が残されています。六月十三日の日付けで赤穂藩士の鞍懸《くらかけ》寅二郎に宛てたものです。鞍懸寅二郎はのちに津山藩の大参事に出世していく人で、その後暗殺されますが、「御親兵」として京都で惣兵衛と一緒に行動したことがあります。この手紙から姫路藩と赤穂藩や林田藩・鳥取藩には親密なつながりがあったことが解ります。

この手紙の重要なポイントは、赤穂藩尊攘派志士の西川升吉が幽閉中の河合惣兵衛に「斃奸《へいかん》か内応か、二件の内何れか決心致し候様申し越し候」と申し入れているところです。武力蜂起して奸物を倒し、藩政改革を実行に移すか、姫路藩の要求に応じ恭順の道を選ぶか、西川は惣兵衛に決断を求めています。惣兵衛は、この時「闔藩《こうはん》のため宜からず」と、勝つ見込みがないと判断して蜂起を押さえています。自分がこの年の暮れに死罪に処されるとは考えていなかったのか、または、自分一人が罪を一身に引き受ければ事は解決すると考えていたのかよくはわかりません。

この手紙に出てくる西川升吉という人物は、文久二年（一八六二）十二月、赤穂藩文久事件で対立していた同藩家老森主税と用人村上慎輔を暗殺した事件のリーダーです。のちの明治四年、村上の遺子らは高野山で仇討ちをしますが、これは、「高野の仇討ち」としてよく知られています。

そうしたなかで七月十九日、長州藩が御所を攻める禁門の変が起こります。会津藩主松平容保、徳川慶喜、薩摩藩西郷隆盛らが戦いの先頭に立ち長州藩を撃退します。

こういう出来事に遭遇して、直前まで老中筆頭であった酒井忠績は幕府の危機を感じ取ったと思います。七月二十三日、朝廷と幕府は長州追討令を布告します。そして八月七日には、征長総督に尾張藩主徳川慶勝（長州征伐の総督）が任命され、幕府は長州藩との全面戦争の準備に入ります。姫路藩では、その前日の六日に忠績は、実弟の酒井幸五郎《こうごろう》を養子にすることを決定しています。十一月十八日が総攻撃の日と決定されました。これが第一次長州征伐です。

■忠績の危機感―元治元年八月六日

こういう危機感が高まっていく状況のなかで、元治元年（一八六四）八月六日に忠績は実弟の幸五郎〈のち九代目藩主酒井忠惇《ただとし》〉を養子嗣とし、酒井家の家督相続を万全のものにします。ただこの事を記録する『姫陽姫鑑』のその日の条文をよく読んでみるとさらに重要な内容が書いてあります。

八月六日

御登城、御内意の趣、御聴に達し、思召を以て酒　幸五郎様御儀、御養子に仰せ蒙らせられ、猶また別紙両通の通り仰せ蒙らせ給う古来、格別の家筋の儀に付き、別段思し召しを以て嫡子初めての御目見え、登城の節より御白書院溜り、西御椽通り御附き書院後に控え罷り在り、御礼席の儀、月次は御黒書院溜り、五節句は　御白書院、鷲の御杉戸外溜りにて、通御の節、御目見え致す可し、五節句、月次出仕候はば、直々溜り詰めの格、四品仰付らる可く候、向後、右の通りの家格に成下され候

御名（酒井忠績）

其方（忠績）、在所の儀は西国第一の咽喉、京畿近接の場所、守衛専一の土地にこれ有り、兼ねて西の宮御固をも仰せ付け置かれ、殊に今度、御所より長防御征伐の儀、仰出され、京師へ以後、罷り登り候者の押え、屹度相心得候様　其方へ仰付られ候に付き、先達て御暇、相願い候へども、同席中、当時御人少なく、且つ思し召しの趣旨も在せられ候に付き、時御暇下されず候旨仰出され候に付、其方、名代として養子幸五郎儀、在所（姫路国元のこと）へ御暇下され候間、早々罷り越し候様致さるべく候、右に付きては別段の思し召しを以て、今般嫡子御目見え席の儀、向後家格御引立成下され候事に候間、忠勤を尽くされ警衛向き等は勿論、家来共へも万端指揮および武備一際厳重心得らるべく候

※文中（　）書きは筆者による。

前半部分は、酒井幸五郎を養子とすることが認められたこと、そして幸五郎の処遇家格を記録しています。後半部分は、「御名」とありますが、これは忠績に対して命じられた内容です。忠績は老中を免職になっていても溜詰ですから、将軍に直に御目見えできます。そして弟で養

子となった幸五郎も出仕すれば溜詰の格で四品（朝廷の官位制度で昇殿の資格を示す従四位下の位階）を仰せ付けられるということですから、兄弟して将軍の側近として待遇されるわけです。文中に姫路は西国第一の咽喉《いんこう》、京畿近接の場所とあります。すなわち長州藩が西から攻めてくると、京都防備の咽喉《のどぼとけ》の位置にあたるので西国の押さえとして家来共を万端指揮統制し、武力の備えを一際厳重にせよと命じる文書です。甲子の獄の厳しい処罰の背景には、長州征伐を決断した幕府と危機感を共有する忠績の決意があったのではないかと思います。この年の末に「甲子の獄」の厳しい処罰が下されますが、長州征伐を目前して、こういう命令が姫路藩に降されていたのです。

■甲子の獄と、尊攘派志士の「残忍の所業」

激動の元治元年（一八六四）の年末、十二月二十六日に姫路藩の尊王攘夷派志士を弾圧する「甲子の獄」が起こります。これまでは橋本政次さんの著書『姫路城史』下巻でしか知ることが出来なかった事件です。ここには処罰を受けた藩士と処分の事実（裁決）しか記録されていません。また原史料も紛失して行方不明です。ところが、この頃姫路藩の大目付（人監察）を勤めていた亀山源五右衛門（雲平）の残した手記は、その事件の内容を詳しく記録しています。その史料が、「河合惣兵衛初御裁許伺控」です。これは、「伺い控え」となっているように処罰を決定する前にその処分が妥当であるかどうかを伺う案文の控えです。姫路藩の尊王攘夷派志士が具体的にどんなことをやったかという行いが書かれています。たとえば「家里新太郎を殺害に及び、并びに加川肇を殺害の節、翌晩同人腕を堂上方へ持参致し候」とか「他藩同意の者と取り結び容易ならざる儀を周旋」した事などを記録しています。この暗殺された加川肇とは、九条家に出入りする公家の千種有文《ちぐさゆうぶん》の家臣です。その加川を暗殺して、片腕を「堂上方（公家）」つまり千種の家に持ち込んで放り込み、首は徳川慶喜がいる二条城に放り込んだという事件です。この事に姫路藩尊攘派志士は荷担していたのです。また「他藩同意の者と……」は、おそらく天誅組の乱や生野事件への関わりを指していると思われます。

このように亀山雲平の残した「河合物兵衛初御裁許伺控」には、名前と裁決（裁許）の内容とその理由（罪状）がきっちりと書いてあります。

判決にあたっては、当時も今と同じで最初の求刑は厳しく、判決は一段緩められるというのが一般的だったらしいです。「御裁許伺控」は厳しい求刑にあたるものなのでしょうが、判決は緩められることなくそのまま処分されています。自殺刑や斬首刑については最初の「伺い控え」どおりです。また「伺い控え」には五十三名の名前が出ていますが、実際には七十名が処分されています。だからこの甲子の獄の断決は、求刑より厳しい処分が下されたといえます。

その厳しい処分はなぜだったのでしょうか。先ほど見たように、姫路藩では嫡男が次々に亡くなり、藩主の実弟を養子にとって跡を継がせるという策を講じないと酒井家の存続が難しくなっていました。またもう一つ考えられることは、禁門の変のように長州藩が武力で幕府に対抗するという政治状況のなかで、老中筆頭まで務めた酒井忠績は、譜代の筆頭として幕府徳川家を守るという強い使命感に駆られていたからではないでしょうか。この二つが、厳しい処分へつながっていったと考えています。

「御裁許伺控」には、姫路藩の尊王攘夷派志士がどんな行動を取っていたかが書かれています。次に七点にわたって纏めてみました。

① 文久三年、残忍の所業に及ぶ。(加(賀)川・家里の暗殺)
② 同年、他藩同意の者と取結び容易ならざる儀を周旋。(大和天誅組の乱や生野事件)
③ 文久三年の秋、爰許において米商取調の儀に不筋の所業。(天誅組の乱の際、米の不正な取引で大和五条へ物資を運んで食糧援助をした)
④ 文久三年の冬、摂州持場において不始末の儀。(武井守正らが平野国臣・美玉三平・大高又次郎らと会見した謀議)
⑤ 元治元年春、出京御用の帰路、出奔致し候(河合伝十郎・江坂栄次郎の脱藩)。
⑥ 家老と上(藩主)を誹謗。
⑦ 誓詞に背き上を重んぜざる心底。

こうした罪状が列挙されています。甲子の獄は、断決が下されたその日に処刑が行われました。この厳しい処分により、姫路藩尊王攘夷派は一掃され、慶応四年（一八六八）正月の姫路城開城まで姫路藩は、公武一和の「藩是」が「武」に偏し、保守佐幕派が支配する藩となりました。

■大老就任と罷免

元治元年（一八六四）末、姫路藩では甲子の獄で尊王攘夷派は完全に鎮圧されました。また、第一次長州征伐で、長州は幕府に敗れ恭順の意思を表明します。

慶応元年（一八六五）になると、幕府権力は復権し、尊攘派に優越し、支配権を確立したかのように見えました。ところがこの年、薩摩と長州が手を結ぶ薩長連合が密かに進行していたのです。坂本龍馬のこの画策が成功して、慶応二年の一月に薩長同盟が成立し、武力討幕の方向に政局は一気に動いていきます。

こうした討幕勢力が密かに結集する状況下で、慶応元年二月一日酒井忠績は正式に大老職に任命されます。四月十五日には忠惇が溜詰（老中格）に任じられ、兄弟で出世して将軍家茂を補佐します。しかし、幕府権力の安定は続きません。この年に安政の大獄のきっかけになった日米修好通商条約で承認した開港問題が出てきます。諸外国列強の開国通商の要求は一段と高まりを見せます。大老酒井忠績は井伊直弼と同じく、幕府は朝廷から大権を委任されている将軍のもとにあるから幕府が専決したらよいと考えたわけです。老中もそうでした。それで大老の忠績はじめ江戸幕府の老中は開港を約する条約に調印します。ところが勅許（天皇の許可）を得ずして調印するのは朝廷に対して僭越きわまりない行いである、と激しい非難が起こりました。そして、朝廷の意向を無視して調印した大老はじめ老中は切腹ものであると朝廷から厳しく糾弾されました。

この時あいだに立った徳川慶喜が奔走し、勅許を得るために必死の工作を重ねます。慶喜の朝廷に対する画策が功を奏して、十月五日になってかろうじて条約が勅許されます。というのは、九月十六日に四カ国（英・仏・米・蘭）の連合艦隊が強引に兵庫港に侵入して、条約履行の圧力をかけ、場合によっては上陸して京都を覗うような言動を示していたからです。条約が勅許されて兵庫は開港することになりましたが、列強との交渉で粘って三年後の開港ということになります。この三年後はちょうど慶応三年十二月七日（西暦一八六八年一月一日）で王政復古の大号令の出る直前です。戊辰戦争の始まりを告げる鳥羽・伏見の戦は、この約一カ月後に起こります。

大老の酒井忠績は、慶応元年十一月十五日、朝廷の許可なく開港を承認したということで罷免となります。そのあと一年間は姫路の藩主に留まりますが、七月には将軍家茂が亡くなり、十二月に孝明天皇も亡くなります。忠義の対象を失ったためでしょうか、忠績は、慶応三年二月三日、家督を忠惇に譲り四十一歳で隠居して閑亭を名乗ります。

■酒井忠績の思想

酒井忠績はどんな思想を持っていた人物なのか。これを知るためには、姫路城が開城したあと、慶応四年（一八六八）五月五日、江戸へ進軍してきた大総督府に提出した酒井忠績の嘆願書が、よくその思想を伝えてくれます。内容を要約しますと次のように纏めることが出来ます。

①「同氏忠惇義、主家輔翼の道、行届き申さず候より」と、まず今日の状況を招いたのは、弟忠惇の徳川家補佐が行き届かなかった結果であると詫びています。

②「私家筋の義、元来徳川家臣僕にて、主家御委任蒙り奉り候より……過分の爵秩を辱（かたじけのう）し天恩の莫大なるは世々子孫、忘れ奉らず候」と次に徳川家から特別の恩を受けている譜代の家柄であることに感謝の意を表しています。そして、

③「徳川家衰運の今日に至り累世の恩義を顧みず、主家と並列比肩候様にては君父を軽蔑するの筋に相当り」と述べます。これは、徳川家が衰えたといえども同等の大名として肩を並べるというのは主君として仕えてきた祖先を軽蔑する行いに等しく申し訳ないことであると、家臣としての分限を強調します。そこで、

④「私共家筋にては、徳川家に随従仕り、御国恩に報い奉り度志願に御座候、また領地の義は忠惇天譴を蒙り奉り、かつ此度御変革の折柄に付き、召上られ候義は当然の御事」と認めます。酒井家は、かつてのような徳川家の家臣に戻り、徳川家に随従し国恩に報いたいと述べ、それ故領地は召し上げられて当然でありますと本領安堵を断っています。ここで「本領安堵」と酒井家の「家名存続」を願って苦渋の嘆願をしてきた国元と全く対立する意見を主張します。最後に、

⑤「抑（そもそも）、王政御一新、世道御匡済のときに膺（あた）り、仮初めにも君臣の分義を忘却いたし、私利を営（めぐら）し候様にては則ち天朝を欺き奉る義にて、上は御失態を醸し、下は賊臣の覬覦（きゆ）を生じ申すべく哉と深く痛心憂慮の余り」と記して、君臣の分義が忘れられ、私利私欲に走り上下の分限をわきまえない世情の混乱を憂え、痛心のあまりこの嘆願となったと記しています。

この嘆願書では「下愚の至願」として酒井忠績は封建時代の君臣の道徳原理を信奉する自分の思想を主張しています。そういう点で、幕府・徳川家に対して忠義を尽くした人と評価することができます。詳しくは、『姫路市史』第十巻（七八五頁）の史料や私の著書『姫路城開城』（一九九頁）をご覧になって下さい。

しかし、初めに指摘したように「公武一和」が河合寸翁の描いていた姫路藩の藩是であるとしますと、忠績の信念は「武」すなわち幕府側に非常に偏っています。忠績の思想は、封建時代の初め、すなわち先祖返りをした思想です。徳川家への忠義では一貫していますが、幕藩体制の行き詰まった幕末の政治状況に対応するには適切であったでしょうか。一方、姫路藩の尊王攘夷派は、徳川家に忠義を尽くす忠績に対し、それでは姫路藩のためにならない、藩の滅亡につながると非難し対立していきます。この対立が姫路藩を両極に分裂させ「甲子の獄」の悲劇へと発展し、維新後は逆に佐幕派を徹底的に粛正する「戊辰の獄」の原因となりました。

■むすび

公武の激しい対立の中で姫路藩の藩是、公武一和の思想は両極に分裂します。この分裂の激しさに目を奪われすぎて、幕末の姫路藩士は右往左往して主体性を失ったかのように思われがちですが、藩士の大半は、意識の底流に河合寸翁が構想した公武一和の思想を持っていたと思います。姫路城開城の時に、国元の姫路藩士は戦わずして開城します。この決断の裏には、大阪城で示された藩主忠惇の「決して防戦してはならない」という下命があったことを私の著書『姫路城開城』で発表しましたが、もう一点、戦うことで朝敵になることを恐れて、開城を決定した朝廷尊奉の思想も姫路藩の「藩是」に則ったものであると思います。

国元の苦渋の決断は、その後新政府へ「本領安堵」と「家名存続」のため嘆願の山を築きます。両極端に分裂した勤王派と佐幕派の人たちからすればみっともない行為と映り、誉めたたえられる様な勇ましい決断ではありませんでしたが、結果として本領と家名と藩士の命を救済した政治決断は、改めて顕彰する必要があるでしょう。

このように天保年間に河合寸翁の描いた公武一和の思想の延長線上に、幕末の姫路藩を位置づけて考えてみると維新直前の姫路藩の混乱がはっきりと見えてきます。

鳥羽・伏見の戦いが始まって維新政府が誕生し、姫路藩が朝敵藩になったのは、江戸幕府の最後の大老となった八代目藩主酒井忠績（閑亭）の存在なくしては考えられません。しかし忠績が、徳川幕府に忠節を尽くした忠義の人であったことは間違いありません。残念なことは、幕末という封建制度の崩壊状況下で時代認識において先駆ける思想の藩主でなかったということでしょう。

姫路藩が佐幕派であったため、近代史においてその後さまざまな不利益を蒙ったと言い伝えられています。具体的事実を実証することは困難ですが、姫路が近代化の過程で失ってきたものを列挙するとそれらしき歴史が見えて来るのは否定できません。明治以降の姫路の近代は、この幕末の混乱の中からスタートしています。そのような意味で姫路の幕末・維新史の研究は、現代の課題究明に繋がっています。歴史の検証は、未来の構想に繋がってこそ意義あるものとなります。これからの姫路には、こうした歴史的事実をしっかりと認識し、復権の道筋を構想していく研究が大切ではないかと考えています。

【主要参考文献】
『姫路城史』下巻、『姫路城開城』、『播磨学紀要第十七号』所載「江戸幕府最後の大老酒井忠績の跡目相続に関する諸問題」、『姫路市史』第四・五・十巻、『姫陽秘鑑』第一巻等々。

「事件―時代の深部をあぶり出すもの」――あとがきに代えて

半世紀以上も前のことだから、もう〝歴史の部類〟に入ることになりそうだが、テレビドラマで「事件記者」という番組があった。今でこそ、捜査の内部に入り込んだドキュメンタリーなどが、玉石混交ではあるが、あふれかえっているけれど、そのころ警察ものはまだ主流にはなっていなかった。この新しい世界に切り込んだのと、「事件」をめぐるストーリーもなかなか良くできていて、たちまち人気番組になった。それを見た学生が記者という職業に興味を持って、新聞社への就職希望者が急増したとも言われている。ひょっとすると、私もそんな世の中の空気に染まったかもしれないのだが、それはともかく、「事件」というのは、なかなか根の深いものであるということも忘れてはならない。

現象として現れる出来事は、実は氷山の一角に過ぎず、その海中に隠れた巨大な氷の塊全体が、事件なのだ。出来事の、いわいる〝面白さ〟もさることながら、海中に隠れた氷の中にこそ、本当の面白さというより、事の真実、事の全貌が潜んでいるのである。

事件は、社会の鏡という。同時に、時代の鏡でもある。一般的な事件ではないが、「阪神淡路大震災」のとき、震災による直接的な被害とともに、当時の社会に潜んでいた「ひずみ」──例えば高齢化、都市の空洞化、各種の格差問題、中央集権政治の弊害、分権の未熟さ──などによってもたらされた被害が大きくクローズアップされたことは記憶に新しい。「東日本大震災」もしかりである。災害は社会の深部を抉り出し、時代の歪みをあぶり出す。同じように「事件」も、社会、時代そのものを映し出すのである。

近世の播磨では、多くの城主たちが入転封を繰り返してきた。その間、「赤穂事件」を代表格に、多様、多彩な「事件」が起きた。多くが、日本中の話題をさらっている。播磨学研究所では、平成二十三年度から「播磨の殿様群像シリーズ」と題して「播磨学特別講座」を開いているが、同年の「姫路城名家のルーツ」に続いて二十四年度には、シリーズ第二弾として、こうした城主にまつわる「播磨の事件」をテーマに「城主たちの事件簿」とのタイトルで、十一回にわたって連続講座を開催した。

本書は、この講義録を一部割愛、修正加筆してまとめたものである。赤松時代から幕末まで、実にさまざまな〝事件〟が起こっていたことが、改めて浮き彫りされたと思っている。事件の背後を読み取っていただき、それによってあぶり出された播磨史のそれぞれの時代と社会の深層について思いを巡らせ、より多角的な地域理解が深まれば幸いである。

播磨学研究所は、昭和六十三（一九八八）年以来、こうした公開講座を中心に、播磨の歴史、文化の研究と情報発信を続けてきた。私たちの活動は、受講者を中心にした多くの方々に支えられ、今年、ちょうど二十五年、四半世紀の節目を迎えることとなった。「播磨本」と称される数多くの書籍を出版してきたほか、特別講座の講義録に限って言えば、今回の「…事件簿」で二十冊を数える。こうした活動を踏まえ、播磨の歴史・文化情報の蓄積と発信という研究所の所期の目的に向かって、今後も、さらに精進を続けていきたいと思っている。

本書の出版に際し、講義、及び講義録のまとめを快くお引き受けいただいた講師の先生方に、あらためてお礼を申し上げたい。また、特別講座の開催にあたって、姫路市文化国際交流財団、兵庫県立大学、神戸新聞社から多くのご支援をいただいたほか、神戸新聞総合出版センターの皆さんにも大変お世話になった。ここに、深く感謝申し上げたい。

平成二十五年六月

播磨学研究所所長
兵庫県立大学特任教授　　中元孝迪

花岡公貴　はなおか こうき
1969年生まれ。上越市立総合博物館係長（学芸員）。
専門は日本近世史。城下町と下級武士の存在形態。榊原家史料の史料論。
著書／『岩田書院ブックレット9 地域と歩む史料保存活動』（共著、岩田書院、2003年）、『新選 御家騒動』下（共著、新人物往来社、2007年）、『書誌書目シリーズ96　高田藩榊原家書目史料集成』（共著、ゆまに書房、2011年）、『城下町高田と人々のくらし—開府四〇〇年の軌跡』（共著、北越出版、2012年）ほか。

福田千鶴　ふくだ ちづる
1961年生まれ。九州産業大学国際文化学部教授。
著書／『幕藩制的秩序と御家騒動』（校倉書房、1999）、『酒井忠清』（吉川弘文館、2000）、『淀殿　われ太閤の妻となりて』（ミネルヴァ書房、2007）、『新選 御家騒動』上・下（編著、新人物往来社、2007）、『徳川綱吉』（山川出版社、2010）ほか。

中元孝迪　なかもと たかみち
1940年生まれ。播磨学研究所所長。兵庫県立大学特任教授。元神戸新聞論説委員長。日本記者クラブ、日本ペンクラブ会員。
著書／『日本史を変えた播磨の力』（神戸新聞総合出版センター、2009）、『姫路城 永遠の天守閣』（同、2001）、『播磨の時代へ』（同、1992）、『宮本武蔵を行く』（編著、同、2003）、『コラムニストが見た阪神大震災』（同、1995）、『ひょうご全史－ふるさと7万年の旅』（上下巻、共著、同、2005～6）、『日本災害史』（共著、吉川弘文館、2006）ほか。

藤原龍雄　ふじわら たつお
1947年生まれ。播磨学研究所事務局長。姫路市立好古学園大学史学科講師。姫路文学館友の会監事。
井植文化賞（2009年）受賞。
著書／『姫路城開城』（神戸新聞総合出版センター、2009）、『姫路のあゆみ』（共著、姫路市教育委員会、2009）、『播磨古事』普及版（播磨学研究所、2013）ほか。

◎執筆者紹介（掲載順）

渡邊大門　わたなべ だいもん
1967年生まれ。歴史学者。大阪観光大学観光学研究所客員研究員。博士（文学）。
著書／『奪われた「三種の神器」―皇位継承の中世史―』（講談社現代新書、2009）、『戦国期赤松氏の研究』（岩田書院、2010）、『中世後期の赤松氏―政治・史料・文化の視点から―』（日本史史料研究会、2011）、『備前浦上氏』（戎光祥出版、2012）、『赤松氏五代』（ミネルヴァ書房、2012）ほか。

杉原康子　すぎはら やすこ
1952年生まれ。備中足守藩木下家家老・杉原家子孫。
市民団体「備中足守竹取物語」代表。

堀本一繁　ほりもと かずしげ
1967年生まれ。福岡市博物館学芸課主査。
専門は日本中世史、とくに中世後期政治史・茶の湯史。
著書・論文／『黒田家文書』第1巻（編著、福岡市博物館、1999）、「茶の湯からみた博多」（『茶道学大系』第2巻、淡交社、1999）、『宗像大社文書』第3巻（共編、宗像大社復興期成会、2009）、「中世博多の変遷」（『中世都市・博多を掘る』、海鳥社、2008）、「一五五〇年代における大友氏の北部九州支配の進展」（『九州史学』162号、2012）「『蒙古襲来絵詞』の復原にみる竹崎季長の移動経路」（『交通史研究』78号、2012）ほか。

伊藤康晴　いとう やすはる
1967年生まれ。鳥取地域史研究会、新鳥取県史編さん調査委員。
専門は日本近世史。村落史・藩政史。
著書／『大名 池田家のひろがり』（鳥取市歴史博物館、2001）、『大名たちの庭園』（同、2004）、『新編 郡家町誌』地誌編（編著、八頭町、2007）、『池田家三代の遺産』（共著、神戸新聞総合出版センター、2009）、『鳥取県の歴史散歩』（共著、山川出版社、2012）ほか。

三好一行　みよし いちぎょう
1950年生まれ。高光寺住職。赤穂市文化財保護審議会委員。元赤穂市史編さん室職員。ＮＨＫ大河ドラマ「元禄繚乱」時代考証に協力。
著書・論文／絵本『赤穂義士物語』（共著、赤穂孔版、2006）、「赤穂四十七士列伝」西山松之助監修『図説 忠臣蔵』（河出書房新社、1998）、「文久事件とはなにか」（『ＮＨＫ知るを楽しむ 歴史に好奇心』、日本放送協会、2008）、「赤穂事件を検証する」その１・その２（『検証・赤穂事件』１・２、赤穂市立歴史博物館図録、2001・2002）ほか。

播磨《はりま》 城主《じょうしゅ》たちの事件簿《じけんぼ》

2013 年 8 月 8 日　初版第 1 刷発行

編者――――播磨学研究所
〒670-0092　姫路市新在家本町 1-1-22
兵庫県立大学内　　TEL 079-296-1505
発行者――吉見顕太郎
発行所――神戸新聞総合出版センター
〒650-0044　神戸市中央区東川崎町 1-5-7
TEL 078-362-7140（代表）／ FAX 078-361-7552
http://www.kobe-np.co.jp/syuppan/
編集担当／岡　容子
装丁／正垣　修
印刷／モリモト印刷株式会社

落丁・乱丁本はお取り替えいたします

ISBN978-4-343-00761-2 C0321